JN141761

愛知大学国研叢書 第4期第3冊

20世紀前半の台湾

植民地政策の動態と知識青年のまなざし

塩山正純
[編]

あるむ

はじめに

塩山正純

本書は20世紀前半の台湾に関する幾つかの事象について、愛知大学国際問題研究所（国研）の所員をはじめとする８名の研究者が各々の専門的見地から考察した成果を国研叢書第４期第３冊としてまとめたものである。

2015年度から、いずれも国研所員の岩田晋典、加納寛、須川妙子、塩山正純の４名が科研テーマ「近代日本青年の『南方』体験：中国人コミュニティーとの接触の実像」で、学術・言語・生活・観光という異なる経験相の分析によって、所謂「南方」における「大調査旅行」の実態解明に取り組んできた。その一環として、2017年２月にはシンポジウム「100年前のアジア旅行～東亜同文書院『大旅行』と近代日本青年～」を開催し、報告者として中国近現代史が専門の荒武達朗、コメンテーターとして中国近代史が専門の土屋洋の両氏の参加を得て、歴史、食文化、言語、観光の視点から近代日本青年のアジア旅行について認識を深めることができた。これを契機に、岩田、加納、須川、塩山の４名は東亜同文書院生による『大旅行誌』の台湾旅行の記録をもとに、荒武、土屋の両氏も各々の専門的見地から、戦前台湾にまつわる幾つかの文化事象について考察を行ってきた。さらに、国研所員から近現代の日台関係にも造詣の深い黄英哲、加治宏基の参加を得て、文学・政治の視点からの考察が加わることで、20世紀前半の台湾について比較的幅の広いアプローチを実現することができた。

本書の前半４編は20世紀前半の約五十年間における歴史学・文学・政治学的に重要な個別の事象に焦点を当て専門的見地から考察したものである。

日本人の農業移民がつくった移民村、そこで台湾人と日本人が営む暮らしなどについては近年社会的な関心を集めるテーマでもある。荒武論文は官営移民事業最初期に移民を送り出した徳島県を取り上げ、明治末年の同県の人びとが新領土の拡大を背景に外地への移住を選択する状況を時系列に従って整理し、その中に台湾移民を位置づけた。これは日本から台湾という単線ではなく、帝国日本の枠組みの中で台湾移民を理解することの試みでもある。

土屋論文は、日本統治時代の嘉義で神として祀られ、義愛公と称された一日本人警官の実像に迫ったものである。すなわち、その実像は、日本人が台湾人のために自らの身を犠牲にし、死後、神として崇められた、という美談の対象でもなければ、台湾人の迷信によって、インチキ宗教の神に祭り上げられた、という奇談の対象でもなかったことを指摘する。

加治論文は、第二次世界大戦後半に連合国が進めた国連創設と戦犯裁判の制度設計を相対化することで、中華民国のプレゼンスについて考察したものである。連合国の戦後構想過程で中国は米英ソと並ぶ「国連の中心」の一角となったものの、これとは対照的に、戦争犯罪委員会では日本最高指導者の断罪を求めた中国の主張／プレゼンスが却って形骸化されたことを指摘している。

そして、黄論文は、台湾漢詩人呉新栄（1907–1967）及び現代詩人楊基振（1911–1990）が残した日記から、二人の台湾詩人の「1949」を整理し、彼らの日記を通して台湾知識人が1949年以後、「天綱折地軸裂」（天の綱がちぎれ地軸が折れる）と言われる時代に、いかに国民党政府に立ち向かったのかを明らかにした。

後半の4編は、同一の教育機関に学び均質な文化的背景を持った青年が記述した『大旅行誌』を資料として、知識青年の見た植民地、台北像、食、神社について、戦前の約五十年間の傾向・特徴・変化を明らかにする試みである。この4編は、科研費基盤研究 (C)「近代日本青年の「南方」体験：中国人コミュニティーとの接触の実像」[15K01896]、人文社会学研究所・研究プロジェクト「台湾・華南・東南アジアにおける近代日本青年たちの足跡」(2015–2016年度)、さらに国際問題研究所が大連理工大学と共催した国際シンポジウムでの研究報告「東亜同文書院「大旅行」調査に見る近代日本青年の「南方」体験：中国人コミュニティーとの接触の実像」（2016年6月）の成果の一部をまとめたものである。

岩田論文は『大旅行誌』で用いられる植民地に関する語彙に注目し、記述に表れる植民地主義を分析している。『大旅行誌』の台湾をはじめとする様々な地域に関する記述の事例からは、書院生が植民地主義というものを西洋型の悪しきものと日本型の善きものという二種に分けて認識していたことが分かる。同論文は、そこでは、西洋型が西洋と東洋の差別構造に依拠し続けるのに対して、日本型では日本への同化が理念としてあり、したがって、同化こそが「脱植民地化」を達成するものと彼らが想定していたということを指摘している。

また、大調査旅行で書院生が志望する主要目的地は中国本土であったが、様々な事情から台湾が目的地や経由地となることも多かった。塩山論文は『大旅行誌』の台北滞在の記録から、当時の知識青年である書院生が当時の内国・台湾の「主都」である台北での滞在で見たもの、得たものの実像について考察したものである。そして、書院生の記述が、日本の植民地経営や官憲の横暴に対するネガティブな感情を吐露する一方で、台湾における「日本」的なものへの懐旧を肯定的に描写する傾向が顕著であることを指摘する。

須川論文は、「人の興味関心のありどころは、食嗜好にあらわれる」という視点で、書院生の心情を分析したものである。台湾行程中の書院生の興味は「日本」に向いており、しかも、それは急速に西洋化していく「日本の大都会」の姿であり、地方出身者が大半をしめる書院生には実体験のない「憧れの日本」の姿であることを書院生の食への関心から読み解いている。

加納論文は、台湾に所在した数多くの日本の神社に着目し、それらに対する「内地人」青年のまなざしとその変化を、1910年代から1930年代まで辿ったものである。その結果、台湾における神社は、1910年代までは台湾植民地化への感慨を「内地人」青年に強く惹起させるものであったが、その後はその感慨が薄らいでいくことを読み取っている。

本書は、６名の国研所員に学外の専門家が加わり、愛知大学の学内研究資源も活用して、研究活動を行ってきた成果をまとめたもので、成果を広く社会に公開・還元するために、国研叢書シリーズとして採用され、出版が認められた。愛知大学と同国際問題研究所に感謝する次第である。また、出版に際して尽力頂いた国研の鈴木真弓氏、株式会社あるむの橋本華氏にも感謝する次第である。

読者の皆様の忌憚のないご意見を賜ることができれば幸いである。

[付記] なお、荒武論文と後半の『大旅行誌』に関する4編は、『文明21』第38号(愛知大学国際コミュニケーション学会、2017年3月)初出の論文、荒武達朗「明治末年徳島県における台湾移民の送出——北海道、朝鮮そして台湾」、岩田晋典「東亜同文書院生の植民地観と台湾——『大旅行誌』における植民地主義言説に関する試論」、塩山正純「東亜同文書院生の台湾旅行にみる「台北」像」、須川妙子「『東亜同文書院大旅行誌』の食の記述にみる近代日本青年のアジア観——台湾の例」、加納寛「東亜同文書院生の台湾旅行にみる神社の位置付け」を、その後の成果を踏まえてそれぞれ加筆・修正したものである。また、土屋論文は土屋洋「日治末期義愛公表彰的虚実——志村秋翠『明治呉鳳』与國分直一「義愛公与童乩、地方民」」(『嘉義研究』15号、国立嘉義大学人文芸術学院台湾文化研究中心、2017年)を日本語に翻訳し、補筆・修正を加えたものであり、黄論文は黄英哲「「願做一個敗北者」——両位台湾詩人的「1949」」(『中国現代文学』第33期、台湾・中国現代文学学会、2018年6月)を日本語に翻訳し、加筆したものである。

20世紀前半の台湾

植民地政策の動態と知識青年のまなざし

目次

明治末年徳島県における台湾移民の送出

——北海道、朝鮮そして台湾——

荒武達朗

はじめに

台湾総督府は明治42年（1909年）に官営移民事業に着手し七脚川の原野をその候補地の１つに選定した。事業自体は翌43年度から本格的に始まり、総督府は５月に移民課、６月に移民事務委員会を設置した。現地では明治43年２月配置の荳蘭移民事務所が業務に当たることとなり、同年６月には吉野村移民事務所へと改名される。ただし吉野村という名称の正式決定は明治44年２月21日（３月１日決裁、８月３日公布）とやや後のことである。同時期に建設された豊田村、林田村と並び“三移民村”と称され、当事業のモデル村と位置づけられていた[1]。豊田村には大正２年（1913年）４月、林田村には大正３年（1914年）２月にそれぞれ移民指導所が設けられた。大正６年（1917年）３月31日に吉野村指導所、残る豊田村と林田村の指導所が大正７年３月31日に廃止され、それとともに台湾東部への官営移民事業は一旦終了することとなった［台湾総督府1919: 第２章・第４章］。

台湾史研究は近年重厚な研究蓄積を生み出しており論点もまた多岐に亘っ

1　官営移民事業を含めた日本人の農業移民については［張素玢2001］、その再刊である［張素玢2017］が基本的研究といえる。台湾東部への官営移民事業については［山口2007］が網羅的である。同書は当地の社会について幅広く紹介している。三移民村を扱うものとしては［大平2004; 2006］［卞鳳奎2006］［荒武2007; 2010］などがある。［王淑娟等2017］は、口述資料を集め台湾人の視点からみた花蓮、移民村の生活を再現したものである。事業の沿革を知るためには、国会図書館デジタルコレクションで公開され、かつ近年復刻版も刊行された［台湾総督府1919］［花蓮港庁1928］が基本文献であり、かつ閲覧に便利である。

ている。その中で官営移民事業と移民村に関する研究は、重要なテーマとしてその一角を構成している。一般社会においてもこれに対する関心は高く、台湾での懐古（懐旧）風潮や日本での台湾ブームと相俟って、当地を訪問する人も増加しているという。この中で吉野村に最初期に入植した人びとが徳島県出身者であること、“吉野”が同県を流れる吉野川に因んだものであることも、最近ではよく知られるようになった事実である。

筆者の関心は日本帝国内の人口移動の様態を解明するという問題意識の下、送出地と移住先との間に存在する連関を考察することにある。差し当たっては徳島の人びとが台湾へと赴いた社会的背景を解明することを直近の課題としている。台湾史の立場では移民の到来以降が考察すべき問題であって、彼らが台湾へと向かう理由はさほど重要ではない。それ故に通俗的な読み物のみならず研究論文においても、徳島から台湾へ向かった理由として「氾濫に苦しむ吉野川流域より徳島県人が集団で当地に入植した」というイメージが流布している。この点は本稿でも詳論するように内実を当時の徳島県側の史料に基づいて再検討する必要がある。

筆者は［荒武2007］においてこの問題に対して初歩的な分析を加えている。その内容を簡単に振り返っておきたい。19世紀後半の徳島の農村地帯に住む人びとの県外移住は明治初年の没落士族の北海道移民を契機としている。明治10年代には県内吉野川流域の北方（きたかた）と徳島市より南側、勝浦川・那賀川流域の南方（みなみかた）から個別零細的な北海道移民が出現した。明治20年代から30年代にかけては、徳島の代表的な商品作物である藍作が不況へと陥ることによって、吉野川流域の藍作地帯からより多くの人びとが北海道へと赴くようになった。その後北方（きたかた）のみならず畑作地帯の南方（みなみかた）からも移民が生み出された。彼らの多くは先行する移民のネットワークを頼って北海道へと向かったのである[2]。［荒武2007］では特にこの北海道移民の隆盛により県民の中に外部へと赴こうとする気運が高まり、それが台湾移民、朝鮮移民の募集に応える素地となったと論じた。ただしこの三方向の移民、中でも台湾と朝鮮への移民の目的、業種、開始時点についてはより詳細な考察が必要と考えられる。

2　北海道移民については豊富な研究の蓄積がある。徳島県と関わるものとしては平井松午氏の一連の研究、例えば［平井2006］とその関連文献を参照されたい。

そこで本稿は徳島の人びとの移住行動とその背景を時系列を追って整理する。時期は台湾への官営移民事業が徳島での募集を開始する前後、明治42年（1909年）から明治45年（1912年）までとする。考察に当たっては『徳島毎日新聞』を史料として用いる。新聞にはその時点での世情や人びとの考えが如実に表現されているので、好箇の史料といえるだろう。以下、本稿では『徳島毎日新聞』を『徳新』と略記、引用に際しては漢字を旧字体から新字体に改め適宜句読点を補い、かな遣いは原文に従う。また掲載日も元号（明治）を省略して年月日だけを記載する。

Ⅰ．明治42年朝鮮半島への出漁と漁業移民

明治42年（1909年）台湾総督府は東部における官営移民事業に着手した。明治43年以降徳島県より一群の人びとが台湾へと赴くことになるのだが、ここに至るまでの徳島県と台湾との関係はそれほど密接なものではなかった。例外的に徳島の製糖業の中心人物であった中川虎之助氏が明治34年（1901年）台南に製糖所を開設した事例があるが、この事業はほどなくして失敗した[3]。彼のように1895年の台湾領有後に渡航した人びとで構成される県人会は、明治42年（1909年）には少なくとも45名の会員がいた（「在台徳島県郷友会」『徳新』42年7月14日）。同年台湾中部を訪問した旅行記によれば、中部在留の徳島県人は以前より減少して30名程度であったという。文中に紹介される人びとの職業には官吏、弁護士、学校長、商店主などが見える（「台湾中部通信」上・下、『徳新』42年9月23日・26日）。明治42年度は官営移民事業の前夜とも位置づけられる時であるが、徳島県において当地への農業移民の形跡を見いだすことはできない。

一方、この頃日本への従属が鮮明となっていく朝鮮が脚光を浴びるようになった。その中心となるものは、農業目的ではなく主として朝鮮近海での漁

3　［中川1942］参照。中川虎之助氏（1859–1926年）は台湾での事績よりも沖縄県石垣島での開墾事業と製糖業で著名である。徳島県内での製糖業の利益を代弁する者として『徳島毎日新聞』にもその名が散見される。明治41年（1908年）に衆議院に当選、後に「砂糖代議士」の異名をとった。中川虎之助氏による徳島―沖縄―台湾へ至る製糖業の展開は、それ自身が興味深い考察の対象であるが、本稿では取り扱わない。また彼は現在の大鳴門橋建設を建議したことでも知られる。

労を行う漁民であった。[荒武2007]でも言及しているように徳島の漁民の瀬戸内への出漁は17世紀初めに遡り、その後は神奈川の三崎や和歌山、玄界灘方面へも赴くようになった。朝鮮方面への出漁は潜水器具を用いた採取を特徴としており、その確かな起源は定かではないが明治23年(1890年)頃の出漁がその嚆矢とされる。明治30年代に入ると本県の漁民は間断なく朝鮮方面へと出漁するようになった(「本県漁民韓海出漁沿革」1〜4、『徳新』42年12月24日・26日・28日・29日)。[磯本2008]は田所市太『椿泊史』(1940年)の記述に基づき、遅くとも1880年代末に潜水器具が現在の阿南市に属する伊島に導入され、明治23年(1890年)に朝鮮近海に出漁した事実を確認している。彼らは現在の統営市欲知島等に出漁拠点を形成していた。明治42年(1909年)には当海域で操業する徳島県漁民の数は全国第15位の規模を誇り、その大部分が潜水器具を用いたものであった。特に伊島の潜水漁法は名高く、明治37年(1904年)には漁船60隻漁夫306人、38年には72隻465人、39年には31隻138人、40年には40隻255人、41年には51隻201人が朝鮮近海へと向かったという(「韓海漁業と徳島県」『徳新』42年12月2日)。彼らはナマコ、アワビ等を採取し、中国各港へと輸出することで相当の利益を上げていた(「内務部長朝鮮談片」10、『徳新』44年4月14日)。

徳島の漁民が朝鮮で出漁根拠地を建設しようとするのもほぼ同時期である。

> 韓国移住漁民経営に関し県に於て調査上経営の方法を定むる事となり昨日高知外十一県に対し左記の項調査方を照会せり。(移住根拠地地名、漁具・漁獲物用の敷地、払下・買収費、経費、移住戸数など)(「韓国移住漁民奨励計画」『徳新』42年1月22日)

明治42年1月、徳島県は出漁の根拠地建設のため各県に情報提供を依頼している。これに対して3月までに愛媛、香川、大分、熊本、宮崎、福岡、長崎、山口、広島、岡山、和歌山の11県から回答があり、4月には多川技手が水産組合の嘱託により土地買収のため渡韓することとなった(「韓国出漁計画進行」『徳新』42年3月12日)。

明治42年2月23日から3月19日にかけて統監府技師の講話が合計14回『徳新』に掲載された。ここに述べられる内容からは当時の朝鮮出漁に対する意識を知ることができ興味深い。その第3回目に次のように記されている。

> 斬取強盗的に行け　……日本内湾の漁場は老幼婦女に任せて置いて壮丁は成るべく出漁して一寸でも一尺でも斬り取り強盗的に行かなくちゃ駄目だ。(「韓国の漁業界」3、『徳新』42年2月25日)

いささか過激な言辞であるが、当時の統監府の一官吏の抱く心情を如実に表現している。謂わんとするところは内地漁民移民の進出を推進することにある。また翌月統監府の某人物より徳島県側に早期出漁をうながす情報が寄せられた。

> 帝国の各府県より当業者は勿論、事務官技師等続々渡航し来り、実地の調査をなし出漁の計画をなしつつあるにより、徳島県も此の機を失せず、事務官又は技術者を派遣するの利益ありとあり。

さらにこの記事の執筆者はこの後につづけて徳島県の対応の遅れを批判する。

> 何事にも躊躇して他に利せらるる本県の如きは大に心すべき事にして、水産組合の派遣員の如きも今にグタグタしつつあるは何事ぞや。一日も早く実地の踏査をなし計画されたきものなり。(「韓国漁業法と出漁」『徳新』42年3月19日)

この“好機”を逃すべきではないという考えは、統監府の一官吏も『徳新』の執筆者も大差ないところである。朝鮮方面への出漁が大きく盛り上がる中、県民もまたこれに積極的に反応した。中には漁業に従事しない者まで事業者として出願し拒否された事例があった(「韓国漁権と門外漢」『徳新』42年3月25日)。

この情況下で徳島県水産組合の村水産組合長、由岐評議員、先述の多川県技手らが調査のために渡韓した。一行は5月25日に馬山に到着、根拠地の選定と土地取得の手続きに取りかかり、7月21日に帰県した(「韓国漁業調査消息」『徳新』42年5月30日、「韓海視察員消息」同、6月22日、「韓海漁権問題と本県」同、7月24日、「韓海視察報告」同、8月19日)。根拠地の土地取得については在韓県人に取引仲介を依頼し（「韓国出漁漁根拠地」『徳新』42年８月15日）、釜山近郊に10坪余りの買収を終えた（「韓国出漁計画」『徳新』42年８月21日）。水産組合はさらなる事業の拡大のために１万6,190円の予算を組み、県に対して１万2,000円の補助を求めた（「韓海漁業経営費」「韓国出漁補助」ともに『徳新』42年８月25日）。県はこの要求に難色を示すが、最終的に前年比700円増の1,500円の補助金支出を決定している（「韓海出漁補助」『徳新』42年11月14日）。結局、水産組合の明治43年度の予算は8,887円と決し、その内7,020円が韓国漁業経営費に振り分けられている。同組合の朝鮮出漁に傾注する関心の高さが読み取れる。

翌年、明治43年（1910年）４月末には組合員が再び渡韓し釜山付近の岩（巌）南で土地購入と住居建設に取りかかることとなった（「韓国漁業経営」『徳新』43年３月21日）。また県水産組合は県内各漁業組合に出漁希望者の有無を調査するよう依頼し、併せて出漁補助金の支出についても通知している（「朝鮮海出漁調査」『徳新』43年８月10日）。これに応えて各組合からは合計100名以上の出願があったと記されている（「韓国出漁」『徳新』43年８月14日）。

徳島県、水産組合そして漁民が朝鮮半島方面への出漁、ならびに当地での拠点建設に乗り出していた時期は、まさに日韓併合へと事態が推移していた時代の流れと重なっている。日本の支配が強化される中で、徳島の漁民もその活動区域をより拡大していくことが可能となった。この頃、日本人の漁民は朝鮮半島から関東州、中国山東省沿海にまで広がっていたと考えられる（「関東州出漁勧誘」『徳新』43年２月25日、「山東省漁民取締」同、43年４月30日）。

以上の朝鮮出漁を巡る世論の盛り上がりの反面、明治42年から43年上半期の段階では農業移民に対する関心はそれほど高くはなかった。明治42年10月に「小賀野氏の韓国農業談」という記事が載せられているが、これは養蚕業に重点を置きつつ韓国での農業経営の得失を紹介したものであり、移民事業の切実な推進という性格は稀薄であった（「小賀野氏の韓国農業談」１～４、『徳新』42年10月８日・９日・10日・13日）。板野郡撫養町の坂本組が明治42年９月に群山で農場を開いたという事例があるものの、これは例外的なものと考えてよい（「本県人の韓国大農場経営」『徳新』43年７月19

日)。

確かに全国的には当時の情勢を踏まえるならば、

> ……現今韓国の形勢は頗る促進せむ。……、韓国諸種の事業中農業尤も有利なれば農民の昨今韓国に移住する者漸く増加せる傾向を示せりと。(「韓国移民増加」『徳新』43年6月25日)

というように、農業移民の増加が見込まれてはいた。だが同じ頃、韓国を実際に視察した者の見聞として、渡航すれば何とかなるだろうという安易な考えに警鐘を鳴らす談話が掲載されている。

> (労賃低廉なために) 労働的移民は到底渡韓することなかるべく、政府は終に其方針を一変せざる可らず。……。荒蕪地は真の荒蕪地にして如何とも手を着けられざる処なり。(「韓国移民策不可能」『徳新』43年6月3日)

故に日本移民の将来を楽観することはできないと言う。先述のような徳島漁業の強気な姿勢は、必ずしも県農業に共有されるものではなかったのである。

朝鮮への農業移民について、その業務を担当する東洋拓殖会社 (東拓) が県内で募集をし、県としても積極的に推進するのは明治43年 (1910年) 8月29日の日韓併合を待たねばならない。

II. 明治43年台湾官営移民募集の開始

本節では農業移民の募集がどのように進められたのかを考察する。朝鮮への農業移民は日韓併合以前では言及されることが稀であった。また折しも台湾への官営移民事業も明治42年 (1909年) に始動するのだが、その時点ではまだ紙面に載ることはなかった。朝鮮と台湾への農業移民が県民の生計を立てる途として考慮されるようになるのは明治43年 (1910年) に入ってからのことである。まず先行したのは台湾移民であった。

台湾東部への官営移民の情報が初めて『徳新』紙上に登場するのは1月5日が最初である。同日「北海道拓殖問題」という記事と並んで「台湾移民の

奨励」と題する一文が掲載された。さらに同日の社説は、

> 北海道は全国各府県農民の勤惰展覧会の観あるが、……、最も勤勉なるは徳島県人なり。(「推奨せられし徳島県人」上、『徳新』43年1月5日。下編は1月7日掲載)

というように北海道開拓での徳島県人の勤勉さを誇っている。この北海道移民での好成績については広く認知されたことである。たとえば台湾総督府の官営移民の事業報告書は、

> 先北海道移民の成績を考査し及其原籍地の状況を査察し徳島県民比較的良好なるを認め第一著試験的に之を招致したりしが、……。[台湾総督府1919: 92]

と記している。また後の朝鮮移民の送出に関してであるが、徳島県内務部長は次のように述べている。

> 本県農民と移民の関係を見るに北海道に於ける移民は何れも相当の成績を挙げ、又台湾にある第一着の模範移民は堅実、勤勉を以て聞え総督府の好評を耳にせり。(「内務部長朝鮮談片」7、『徳新』44年4月8日)

徳島県人が北海道、そして台湾で好成績を収め定評のあるが故に、朝鮮へも移住させるべきであると論ずる。先行する移民事業の成績如何が後発の移民の募集地域決定に影響を及ぼしていたと言えるだろう。台湾総督府は北海道移民の成功と気候の順応性という面から徳島県に募集の白羽の矢を立てたのである。

1月17日には台湾総督府殖産局林務課の丹下幸作技手が来県し、花蓮港庁荳蘭社（後の吉野村）へと若干戸を移民させるべく各郡へと募集に向かった（「台湾移民募集」『徳新』43年1月18日)。続く1月21日の記事はその募集の実態についてより詳細に記している。

> 台湾総督府の模範移民募集として特に本県へ同府技手の来県せし事は既報の如くなるが、二月末日迄に十戸を募集し十一月以後は一般に募集する筈にて名東(みょうどう)、麻植(おえ)両郡は希望のある町村民を一定の場所に集め、丹下

> 技手の講話にて彼の吉野川改修により取除けとなるべき粟島、知恵島両村民を今明の両日八幡村小学校に集め奨励上の講話をなすべしと。其の模範移民の条件左の如し。（計11箇条。仕事、賃金、住家・農具・耕牛、補助、出願資格などについて）（「台湾移民募集」『徳新』43年1月21日）

この記事によれば明治42年（1909年）2月末までに第一次の試験移民の募集を行い、秋に一般募集を行うこととした。また吉野川改修によって立ち退きを迫られる農民に対して、県が移民への応募を呼びかけていることが分かる。この吉野川改修については本稿「おわりに」で詳論する。

総督府の事業報告書によれば今回の台湾移民は試験的なものと位置づけられ、最終的に9戸の農民が台湾へと向かった［台湾総督府1919: 101］。

> ……愈、第一回として三月三日神戸乗船渡台する事となりしは、名西郡九名、麻植郡二名、阿波郡四名、那賀郡一名、勝浦郡一名、名東郡八名計二十五名なり。今回の移民は模範として各種条件の下に選抜され出張するものなれば、その成否如何は台湾開拓に大関係を有するを以て其任重しと謂ふべく、一面に於ては県下多数希望農民の範となるべきものなれば大に心すべきなり。（「台湾移民確定」『徳新』43年2月19日）

渡台した9戸の人数は合計25名であり、1戸あたり平均約3名の家族構成であった（那賀郡・勝浦郡がそれぞれ1戸1名と考えられる）。彼らの出身地域は名東、名西、阿波、麻植というように、北方の吉野川流域各郡が大部分を占めている。南方は那賀と勝浦の各1名のみであった。前述の通り募集が吉野川改修予定地で行われたことを踏まえれば、明治43年春の試験移民と改修による立ち退きには密接な関係があったと考えられる。

続いて朝鮮への農業移民について検討する。まず既述の通り日韓併合以前は朝鮮方面は朝鮮海域への出漁と根拠地建設が話題の中心であった。併合後、朝鮮への農業移民送出がにわかに現実味を帯びてくる。これ以降、朝鮮出漁は依然として活発に展開されていたが、記事自体は全体としてその割合を減じ、農業移民の陰に隠れるようになってしまう（例外的に「朝鮮海出漁」『徳新』43年9月10日、「朝鮮移住奨励」同、10月1日）。8月29日の併合直後、早くも9月9日と10日の2回に分けて朝鮮移民を推進すべしという社説が掲載された。

今や朝鮮を収む。之が同化は最も急を要する者なり。(「朝鮮移住」上、『徳新』43年9月9日)

政府は勿論地方庁に於ても、着実にして而も堅実なる地方農業者漁業者等の団体移住を奨励し、相当の国費を投じて、神社仏閣学校は勿論、其他衛生上の施設をなし、永久土着の模範的部落を作らしめ、以て彼の朝鮮人同化の方法となす可し。(「朝鮮移住」下、『徳新』43年9月10日)

これは移住政策の実施とそれによる同化促進の必要性を主張したものである。9月15日の記事は南米など海外移民の不振を紹介し、

今後は海外移民に関しては其状態成績を調査する位に止むると共に新領土たる朝鮮への移住を奨励すべし。(「朝鮮移民奨励」『徳新』43年9月15日)

と、朝鮮を新たな移住先とする期待を述べている。朝鮮移民を推し進めようという気運は、併合後まもなくして徳島県の人びとにも波及したと言えるだろう。

9月20日には移民業務を担当する東洋拓殖会社が定める移民規則の概要が掲載された。貸付面積、所有権譲渡までの過程、補助支給の条件が提示され、

大体の方針は相当の資力あり、土着の意志鞏固なる移民を招徠せんとするに在り。(「東拓移民規則」『徳新』43年9月20日)

と、中農層以上を主対象に募集を行う方針が明らかとなった。この点は台湾への官営移民の応募資格とも共通している[荒武2007: 94–95; 2010: 11–12]。この後、43年秋から44年春にかけて朝鮮移住に関する規定が幾度かに分けて掲載された(「朝鮮移民割引」『徳新』43年11月26日等)。申込から審査、渡航に至る日程についても次のように紙上にて周知徹底が図られた。

……四十四年以降移住民を募集する手続順序を左の通り決定せりと。参

考の為掲ぐ。募集広告は毎年二月中。申し込み期日は毎年六月末日迄とす。承認通知は毎年八月末日迄とす。移住契約書提出は毎年九月末日迄。移住民の到着は翌年二月十五日迄とす。(「朝鮮移民注意」『徳新』43年12月14日)

徳島県では毎年2月に募集広告が提示され、それから4カ月の応募期間が設けられることとなった。さらに移民応募手続きについての諸注意も繰り返し掲載されている(「朝鮮移民注意」『徳新』44年2月21日、「移民の身元調査」同、3月9日、「渡鮮農民の注意」同、3月12日、「東拓移民と仲介」同、3月21日)。以下は明治43年11月に掲載された注意の一例である。

東拓より知事への通報に曰く、同社の朝鮮移民申込手続並に応募の心得を承知せざるか、移住承諾を待たずして渡航せる団体尠(すくな)からず。(「朝鮮移民注意」『徳新』43年11月27日)

併合後約2カ月が経つ頃には規則を周知せぬままに渡航する事例が散見された。移住希望者は必ず承認を得てから渡航せよとの趣旨であった。裏返せば日本人の朝鮮への移住が併合直後からブームとなっていたことが読み取れる。“一旗組”を含めた動機不純な者、準備不足の者をふるい落とすのも、台湾移民と共通するところである[荒武2007: 94]。

朝鮮の鳥致院に在住の徳島県人会もまた農業事情、地価などを紹介した上で、

……県人にして移住の希望を有する者は一日も早く準備あるべきなり。(「徳島県人会」『徳新』43年10月25日)

と積極的な移住応募を呼びかけていた。このように高まる気運は明治44年(1911年)2月以降、東拓の募集が実施される中で実際の移民へと結実するのである。その実態については続く第Ⅲ節で検討する。

さて日韓併合後、朝鮮への農業移住が人びとの意識に上るようになった明治43年下半期、台湾官営移民の一般募集もまた期を同じくして始まった。

台湾総督府は本県より模範移民として卅名を今春募集移住せしめしに、

> 結果良好なりしにより今秋更らに五十名を募集する事となり。不日吏員出張し来たるべし。（「台湾移住募集」『徳新』43年９月27日）

> 既報の如く台湾総督府の移民募集として同府拓殖局属山崎康雄氏は昨日県に出頭し、農商課に於て種々打合の上、左記日割により七條雇同行講話を開始すべしと。
> 十月一日　那賀郡／同二日　勝浦郡／同三日　板野郡／同四日　名東郡／同五日　名西郡／同六日　麻植郡／同七日　阿波郡（「台湾移民募集」『徳新』43年10月１日）

台湾総督府による各郡での移民募集説明会は10月１日より始まった。なおこの10月１日の紙面には先にも言及した漁業移民をすすめる「朝鮮移住奨励」という記事も掲載されている。当時の徳島県では従来の北海道移民に加えて朝鮮や台湾への渡航も視野に入っていたことがはっきりと表れている。台湾総督府派遣の募集員は10月上旬には県西部の三好郡と美馬郡、県最南の海部郡を除いた各郡で募集活動を展開した。さらに下旬に入るとこれまで未訪問の県西部の三好郡と美馬郡でも募集が行われた。

> ……廿七日　美馬郡貞光町　午後一時／廿八日　三好郡三庄村　午前十時／廿九日　同郡池田町　午後一時／三十日　同郡三野村　午後一時／卅一日　美馬郡郡里村　午前十時／十一月一日　同郡脇町　午前十時（「台湾移民勧誘講話」『徳新』43年10月25日）

募集員が県西部の各町村を慌ただしく回っている様がうかがえる。

官営移民事業の報告書によれば徳島からは明治43年２月に９戸、同年10月に52戸を採用したと記されている［台湾総督府1919: 101］。これら秋季募集の一般移民は11月上旬には人選が終わり渡台の途についた。

> 台湾総督府は曩に吏員を本県に派遣し来り移民の募集に努めつつありしが、本年三月模範移民八戸二十名を募集渡台せしめしに、其の成績良好なりしにより普通移民の第一回として十二戸七十二名、内訳那賀郡十戸、勝浦郡一戸、麻植郡一戸、渡台する事となり、昨日山崎同総督府属附添いの上神戸に抵り同夜出帆の笠戸丸にて出帆、十二日基隆に寄港

し十三日目的地たる七脚川原野に到着すべし。而して第二回として更に四十戸を十二月八日出発せしむべしと。(「第一回台湾移民出発」『徳新』43年11月9日)

この記事では2月の移民が8戸20名とあるが、先に引用した事業報告書の9戸が正しい。一方、10月募集分合計52戸は、事業報告書と数字が一致している。11月8日に神戸を出帆した第一陣の出身地は南部の那賀郡・勝浦郡がそれぞれ10戸と1戸、吉野川流域の麻植郡が1戸である。彼らは14日午前には基隆を出航し花蓮へと向かった(「台湾移民安着」『徳新』43年11月16日)。第二陣はいくつかのグループに分かれて徳島を出発している。

台湾移民は昨夜十二戸人員六十名(板野郡大津村外数ヶ村)神戸に出発し、本日は午前九戸人員五十名(勝浦、名東)、午後十四戸人員七十名(那賀、麻植)出発し、一同八日正午神戸発の笠戸丸に乗し渡台の途に就くべし。(「台湾移民出発」『徳新』43年12月7日)

板野郡の12戸、勝浦郡と名東郡の9戸、那賀郡と麻植郡の14戸というように徳島の北方と南方それぞれの各郡から集まった移民たちは徳島を出発後、12月8日に神戸より台湾へ向けて出帆した。12日に基隆に到着し、翌日花蓮港に上陸する予定であったが、風波の影響で卑南港(現、台東)へと廻航した旨、総督府の野呂寧移民課長より電報があった(「台湾移民到着」『徳新』43年12月20日)。彼らは卑南港から陸路北上し12月27日に荳蘭指導所(後、吉野村指導所)へと到着した(「渡台移民到着」『徳新』44年1月7日)。なおこの移民が台湾へと渡航する諸手続と官庁間の交渉については[荒武2010]を参照されたい。

官営移民最初期に入植した北海道出身の山下氏は、

翌四十三年二月徳島県から五十二戸の移民が参りましたが、此懐かしき同胞を花蓮港の海岸に出迎た時の私共の心は、恰も孤立無援の時に援軍でも得た様な感じが致しました。

という感想を残している[花蓮港庁1928: 30][荒武2007: 93]。ただし明治43年2月にやって来たのは先述のように試験的に導入された模範移民9戸であった。52戸の移住した時期は43年２月ではなく同年11月から12月のことである。また先の記事によればこの第二陣は南から陸路を通って移民村に到着したとされる［花蓮港庁1928: 39］。些細な点であるが、この点は記憶違いの可能性があると指摘できよう。43年度の台湾移民については、

> 徳島県下において募集せし台湾移民六十戸の成績は極めて良好にて前途発達の見込充分なるにより台湾総督府にては明年度において台湾の移民募集を為すべく予算に四十万円を計上したるが右移民を行ふは遅くとも来年二月頃なるべし。(「本県移民好成績」『徳新』43年12月28日)

と好成績であったことが述べられ、来年度も募集を行うことが通知されている。

明治43年春の試験移民９戸はほとんどが吉野川流域の出身であった。これに対して同年秋から冬にかけて台湾へ向かった一般移民52戸の出身地は北方(きたかた)と南方(みなみかた)の各郡を含んでいる点が注目に値する。本稿冒頭で述べたように徳島から台湾への移民の送出が吉野川の洪水、氾濫によるものという言説があるが、その枠組みに当てはまらぬ移民も存在しているのである。この点は本稿「おわりに」で再論する。

また記事としての扱いは小さいが例年通り北海道移民の募集も行われていたことにも留意すべきである。徳島県から北海道への移民は規模において全国11位もしくは12位を占めていた。明治44年（1911年）に先立つ近10年間に１年あたり519戸1,927人を送出、明治42年度には513戸1,725人が北海道へと向かった。その数においては台湾や朝鮮への移民を凌駕していたのである（「北海道移住者」『徳新』43年９月15日、「本県の北海移民」同、44年８月25日)。徳島県の外部への農業移住は先行する北海道移民の上に台湾、そして併合後の朝鮮という順番で新たな目的地が加わったと考えられる。

Ⅲ. 明治44年北海道、朝鮮、台湾移民の併行募集

明治44年（1911年）に入り活発な動きを見せたのは、前年度より準備を進めてきた東洋拓殖会社による朝鮮移民であった。３月に東拓は1,000戸以上の募集を開始し、希望者は６月30日までに各地方庁を経由して申請する

こととした（「朝鮮移住民募集」『徳新』44年3月24日）。

これと同時期、3月から4月にかけて「内務部長朝鮮談片」と題する全12回の記事が『徳新』紙上に掲載された。残念ながら第1回から第3回まではバックナンバーの欠落のためにその内容を知ることはできない。この連載には徳島県の朝鮮移民に対するイメージが語られており興味深い。たとえば有望な農業経営（第4回、『徳新』44年3月31日）、安全な移民（第5回、『徳新』44年4月1日）、注意を怠らねば地主になれる（第6回、『徳新』44年4月2日）などという情報が県民に示された。併合前に見られたような移民に懐疑的な論調はここでは見えず（前掲「韓国移民策不可能」『徳新』43年6月3日）、逆にこれを否定しようとする傾向が顕著である。このような楽観的な見通しは台湾移民の募集においても見られたことであり、渡航前に描いていた理想と現実との差に衝撃を受けた移民も少なくなかった［荒武2007: 94; 2010: 11］。第7回（『徳新』44年4月8日）では先行した徳島県人の入植者の成功例が紹介されると共に、北海道移民で好成績を挙げたこととの関連性が強調されている。第8回から第10回（『徳新』44年4月11日・12日・14日）は漁業移民とその定住過程をまとめている。第11回と第12回（『徳新』44年4月16日・19日）では「移住が内地人の義務である」として、この連載を締めくくっている。

申請期限の迫る6月上旬に入植条件などを提示した移民の募集記事が改めて掲載された（「東拓移民募集」『徳新』44年6月7日）。15日には「期日は最早切迫」していること、応募者が「非常に増加し」募集人数を超過していること、それによって単独渡航を試みて失敗する者がいることについて注意喚起し、希望者に至急申請するよう要求した（「東拓移民申込期」『徳新』44年6月15日）。6月下旬の段階で申込者は17戸、名西（みょうざい）・勝浦・阿波の3郡に亘ることが確認できる（「東拓移民申込」『徳新』44年6月21日）。“殺到”とするには意外に少ない印象を受ける。結局移民の申請期限は2カ月延長して8月末日に再度設定された。

> ……何分、最初の募集なれば一般に手続事情等周知せざる為め……。折角多数の希望に背き空しく一年を待たしめるべからざることを遺憾なりとし……。（「朝鮮移民募集延期」『徳新』44年6月25日）

この当初の締切が過ぎた後に東拓の募集活動はむしろ活発化していく。8月9日には募集員の酒井才次郎氏が来県し、阿波郡市場町、麻植郡川島町、名西郡石井町、板野郡板東町、那賀郡富岡町、勝浦郡小松島町、名東郡集会所の各地で説明会を開いた（「東拓移民募集」『徳新』44年8月5日・9日）。この募集の結果、最終的に60戸240名に決し、翌45年2月15日に渡航予定であるという（「東拓移民」『徳新』44年12月10日）。なお45年度の東拓の募集は1,033戸、申込期限は9月30日と改められた（「北海朝鮮両移民」『徳新』45年4月17日）。この8月以降の東拓の募集地域は、那賀郡と勝浦郡を除けばすべて吉野川中下流域に集中している点に注意を要する。これが「おわりに」で述べる吉野川改修の問題と大きく関係しているのである。

一方、明治44年度の台湾移民の募集は朝鮮よりやや遅れた。朝鮮移民が締切を当初6月末日（後に延期されて8月末日）としていたのに対して、台湾移民募集が紙上に登場するのは6月23日のことである。

> 総督府の募集に係る移民は本年も大に多数を求むる事となり、其規則書を各郡市役所に遂（ママ）付し来たりしにより希望者は承合すべし。（「台湾移民」『徳新』44年6月23日）

その後、総督府による実際の募集活動は8月以降に始まった。

> 今回亦もや野呂技師募集の為近日来県する事となれり。一面東洋拓殖会社は予（かね）て県に依頼し来たりし如く八月中旬には募集員を派遣するにより……。半官的営利会社と官庁との間に移民募集の競争を見るに抵りしものなり。（「移民募集競争」『徳新』44年7月25日）

この野呂“技師”は野呂寧移民課長の誤りである。台湾移民については8月上旬にはすでに35戸の申込があり、月末には募集員の来県が決まった（「台湾移民好況」『徳新』44年8月6日）。彼、千葉豊治技手は年末まで徳島を中心に活動し、県内からは80戸を募集する予定であった（「台湾移民募集」『徳新』44年10月21日）。先述の通り8月には東拓の募集員の来県も予定されていたので、朝鮮移民と台湾移民の担当者がそれぞれほぼ同時期に勧誘のため各郡を巡回するという恰も募集競争のような事態となった。

> 曩に野呂移民課長来県し大体の方針を定めたる台湾移民募集は、本月末千葉総督府技手台北出発各郡市講話の為来県する旨県に通報ありたり。即ち東拓と台湾との移民募集競争となり居るにより希望者は深く利害を考慮し前途を誤らざる様注意すべきなり。(「台湾移民募集」『徳新』44年8月30日)

9月上旬すでに東拓の朝鮮移民募集は申込締切を過ぎていたが、台湾移民の募集はこれ以後精力的に実施される。

> 昨今本県に於て三地の移民募集の競争を開始せり。其状況を聞くに半官半民の東拓は申込期たる八月三十一日迄に七十戸(人員不明)の申込を受け、主として北方各郡にあり。台湾総督府は本月中旬より表面の募集に着手し東拓と反対に南方各郡に大遊説を試みむとし種々計画しつつあり。申込期は本年末迄なり。次で北海道庁は無期限に募集しつつあるが渡道適当の時期は毎年三四月にして此際郡市に申込を受けつつあり。(「移民募集大競争」『徳新』44年9月3日)

ここで明治44年度に東拓の北方各郡、吉野川流域に対し、台湾が南方を中心に回るという棲み分けが見られた。北海道庁は例年の如く移民を受け入れており、44年度はこれら“三地”の移民募集が併行して行われていたのである。

9月5日に千葉技手は来県し、6日より勝浦郡小松島町、7日に那賀郡富岡町、8日に同郡鷲敷町、10日に海部郡日和佐町と、南方各郡の主要な町で募集説明会を開いた(「台湾移民募集」『徳新』44年9月6日)。その後10月に募集範囲は北方へと広がった。

> 本日板野郡瀬戸村、七日同郡一條村の外、八日名西郡高志村に開会に決定し其後の巡回講話は同府派遣官と県と協定すべし。応募数は未定なるも相当の成績を得べしと。(「三地の移民募集」『徳新』44年10月6日)

これら10月7日以降に訪問した各村は共に吉野川改修に関わる地域に含まれている。前節で検討した明治43年秋の台湾移民募集は徳島全県に及んでいたが、44年度の募集は東拓がほぼ吉野川流域中心、台湾総督府が南方各郡と北方の一部に重点を置いていたという特徴が見られる。

台湾移民は12月上旬までに出願者を取りまとめて県に報告することとなった（「台湾移民へ注意」『徳新』44年11月19日）。11月末時点での出願状況は次の通りである。

> 台湾花蓮港庁内吉野村への移住民募集に応ぜしもの県下各郡に亘り、百戸此の人員四百余名に達し、既に総督府より許可を与へしものありて、全部は来月早々移住官の来県により確定するに抵るべし。因に本県より昨年移住せるは模範として五十戸、其地は七脚川原野の名称なりしが其成績良好にして総督府予期の経過を示しつつあるにより、移住者の心神を慰むべく特に本県の大川に因縁を附し、吉野村と改称せしめたりと云へば県としては誇るに足るべきなり。（「台湾移民状況」『徳新』44年11月30日）

この記事はおそらく『徳新』において“吉野村”の由来が詳しく紹介された最初のものである。本県からは100戸400人余りの応募があったとされるが、彼らのすべてが採用されたわけではない。総督府の事業報告書によれば明治44年度の応募総数は全国から707戸あり、その内45年３月末までに270戸、45年度初に９戸、計279戸が合格したにとどまる［台湾総督府1919: 101–103］。その審査の実態については［荒武2007: 94–95; 2010: 9–18］を参照されたい。12月13日に千葉技手により調査の上、直ちに候補者を決定することとなり（「台湾移民確定期」『徳新』44年12月９日）、早くも14日には第一陣の11戸50名が徳島を離れ神戸を経て台湾へと向かった（「台湾移民出発」『徳新』44年12月16日）。続いて明治45年１月８日に第二陣の７戸30余名（５戸25名？）が徳島を出発、香川・愛媛の移民と共に神戸より出帆することとなった（「台湾移民」『徳新』45年１月７日、「台湾移民出発」『徳新』45年１月10日）。明治44年度の徳島県からの台湾移民は合計22戸72名を数えた（「昨年の台湾移民」『徳新』45年２月29日）。その内訳は北方が板野郡２戸、名西郡１戸、南方が那賀郡３戸、海部郡９戸、未到着が２戸であったという。明らかに南方出身者が多く吉野川改修予定地の人びとはむしろ少数であった。明治45年４月には台湾総督府殖産局長より移民の近況について順調かつ良好との報告があった（「台湾移民近況」『徳新』45年4月23日）。ただその定着までの途が容易なものでなかった点は多くの回想録が言及する所である［花蓮港庁1928: 29–55］。

かくして人びとは台湾へと向かったのである。これから先の移民の物語が台湾史の領域と言えるだろう。

おわりに

本稿は徳島県において北海道、朝鮮、台湾への移民が生み出される過程を時系列を追って整理した。先行研究からは北海道移民の隆盛、並びに朝鮮への出漁があったことが知られている。また筆者が［荒武2007; 2010］で考察した台湾への官営移民もほぼ同時期に行われていた。この各方面への移民が相互にどのような関係にあるのかが、本稿の作業によって明らかとなった。まず北海道移民については『徳新』で話題になることはそれほど多くはなかったが、明治30年代より1年あたり500戸、2,000人程度が渡道していた。朝鮮方面への出漁も明治30年以降続いており、明治42年（1909年）から43年（1910年）上半期にかけては朝鮮に出漁根拠地を設けようという動きが生まれていた。だがこの時点では朝鮮半島での農業を目的とした移民はその姿をほとんど見かけない。明治43年に新たに注目されたのは、台湾総督府の主催する官営移民事業である。1月、2月の試験移民募集は吉野川改修予定地で、10月以降の一般移民募集は県下のほぼ全ての郡で展開された。続いて8月末の日韓併合直後から、朝鮮への農業移民の可能性が盛んに議論されるようになり、積極的な進出策が提起された。この延長上で明治44年（1911年）にはまず朝鮮移民業務を取り扱う東洋拓殖会社の募集が積極的に展開された。締切が当初の6月末日から8月末日に延期され、さらに期限の迫る8月には北方各郡を中心に説明会が開催された。これにやや遅れて9月以降に台湾総督府が募集を開始した。東拓に対して台湾は南方各郡を中心とした募集活動を展開した。44年度はさながら三地（北海道、朝鮮、台湾）の移民募集競争の様相を呈することとなった。

表1は『徳島統計書』に基づいて明治末年から大正年間の徳島県から外地へと赴いた人口を整理したものである。残念ながら統計書からは北海道への

表１　明治末年～大正年間徳島県の外地移民数（単位：人）

		1908以前	1909	1910	1911	1912	1913	1914	1915	1916	1917	1918	1919	1920	1921	1922	1923	1924	1925	1926
台湾	男性	N/A	N/A	N/A	N/A	N/A	N/A	N/A	568	618	604	646	669	714	693	766	793	789	830	887
	女性	N/A	N/A	N/A	N/A	N/A	N/A	N/A	387	453	459	501	517	539	550	566	610	597	622	660
	合計	N/A	174	477	594	688	759	839	955	1,071	1,063	1,147	1,186	1,253	1,243	1,332	1,403	1,386	1,452	1,547
	性比	N/A	N/A	N/A	N/A	N/A	N/A	N/A	147	136	132	129	129	132	126	135	130	132	133	134
朝鮮	男性	N/A	N/A	N/A	N/A	N/A	N/A	N/A	1,778	1,951	2,116	2,097	2,104	2,263	2,385	2,507	2,688	2,198	2,853	3,672
	女性	N/A	N/A	N/A	N/A	N/A	N/A	N/A	1,141	1,297	1,559	1,468	1,448	1,584	1,780	1,921	2,101	1,500	2,383	2,564
	合計	N/A	N/A	1,064	1,494	1,953	2,577	2,768	2,919	3,248	3,675	3,565	3,552	3,847	4,165	4,428	4,789	3,698	5,236	6,236
	性比	N/A	N/A	N/A	N/A	N/A	N/A	N/A	156	150	136	143	145	143	134	131	128	147	120	143
樺太	男性	N/A	N/A	N/A	N/A	N/A	N/A	N/A	44	48	60	60	70	97	126	152	187	224	258	318
	女性	N/A	N/A	N/A	N/A	N/A	N/A	N/A	17	23	44	34	46	62	75	90	113	129	155	193
	合計	N/A	17	39	66	43	70	47	61	71	104	94	116	159	201	242	300	353	413	511
	性比	N/A	N/A	N/A	N/A	N/A	N/A	N/A	259	209	136	176	152	156	168	169	165	174	166	165
関東州	男性	N/A	N/A	N/A	N/A	N/A	N/A	N/A	N/A	N/A	N/A	252	322	356	425	480	489	511	511	588
	女性	N/A	N/A	N/A	N/A	N/A	N/A	N/A	N/A	N/A	N/A	195	216	236	278	307	336	344	376	417
	合計	N/A	N/A	N/A	N/A	N/A	N/A	N/A	N/A	N/A	N/A	447	538	592	703	787	825	855	887	1,005
	性比	N/A	N/A	N/A	N/A	N/A	N/A	N/A	N/A	N/A	N/A	129	149	151	153	156	146	149	136	141

資料：徳島県『徳島県統計書』各年、徳島県、「人口出入」

渡航者数はわからないが、先ほどの数字、年あたり約500戸2,000人程度と推定できる。表１によれば北海道の北、樺太へ向かう移民の姿はほとんど見ることができない。事実、『徳新』においてもその移民募集の記事は僅か３行のごく簡単なものであり、県民の関心の低さがうかがい知れる（「樺太移民奨励」『徳新』44年２月14日）。台湾と朝鮮を比較すると後者の移民数は常に前者のそれを上回っている。徳島の人びとにとってなじみのある“外地”とは台湾よりも朝鮮であった。これは距離的遠近、朝鮮出漁の伝統とも関係するだろう。

本稿を終えるに当たり朝鮮移民と台湾移民の性質の違いについて、徳島県の視点から論ずることとする。台湾史研究の領域で流布するような吉野川の氾濫と台湾移民を関連づける言説は説明不足の感が否めない。この洪水とはおそらく吉野川改修とそれに伴う流域住民の立ち退きを指している。藩政時代より吉野川の氾濫は流域に被害をもたらしており、明治40年（1907年）に第一期改修計画が着工された。これにより名西（みょうざい）郡石井町より下流の河道を拡大し洪水時の河水を放流し、併せて阿波郡善入寺（ぜんにゅうじ）島などを遊水池として設定しそこに住む人びとを立ち退かせることとした。明治43年（1910年）春の台湾の試験移民募集に際しても、第Ⅱ節に引用した「台湾移民募集」（『徳新』43年1月21日）に改修予定地の住民に移民の説明会を開く旨が記されている。その時点の台湾移民は確かに吉野川流域の名東（みょうどう）、名西（みょうざい）、阿波、麻植（おえ）の各郡を出身地としていた。

44年度にはより大々的に改修地と移住問題を関連づけて議論されるようになった。

> 県内農事の発展を図ると同時に膨脹的国民として県下の農民を有利有望なる新領土方面に移住せしむべきは県当局の考慮せる処なり。爾（しか）のみならず今回吉野川改修地に居住せる農民にして立退の已むなきに至りしものの幾分は新領土に発展の希望ありて……。（「移民問題」『徳新』44年6月24日）

> 改修地に居住せる農民及び一般農民の台湾、朝鮮、樺太の移住に対する県方針は既に決定し、明年度は大いに奨励と指導に当る事となりしも、之が方針遂行に要する経費、補助等は支出せざる事となれり。（「移住指導県方針」『徳新』44年10月1日）

改修地の住民を“新領土”へと送り出す方針がはっきりと打ち出されているのである。

だが吉野川改修問題と台湾移民の関係は希薄になっていく。これに代わって改修問題は朝鮮移民とあわせて語られるようになった。たとえば名東（みょうどう）郡長は移転を余儀なくされる住民の移住先として朝鮮を検討したことがある（「買収と善後策」『徳新』44年1月19日）。このような論調は明治44年（1911年）を通して散見され、この時点はまさに朝鮮移民の募集が活発化していく段階に当たっている。8月末に東拓の募集が終了した後も人びとの朝鮮移民に対する関心は高い。たとえば善入寺島の所在する阿波郡の梶浦郡長は10月12日より朝鮮へと渡った。その目的は「特に善入寺島民の関係」にあったという（「朝鮮移住地視察」『徳新』44年10月5日、「朝鮮移住地調査」同、10月12日）。一行は京畿道、全羅北道を視察し、11月6日に帰県した（「朝鮮移住地調査」『徳新』44年11月7日）。この調査の結果は同月の『徳新』に連載され、主として移住手続き、各地の農業概況と土地取得の方法について述べている（「朝鮮土地調査」1～4、『徳新』44年11月16日・17日・18日・21

日）。なお徳島から台湾へと移住地視察に赴いた形跡はない。改修地の人びとの視線は台湾ではなく朝鮮へと向いていたと考えられる。また既述のように東拓が北方（きたかた）の吉野川流域を中心に募集活動を行った事実も踏まえれば、吉野川改修事業と朝鮮移住の関連性は強いと言える。一方の台湾総督府の官営移民事業は改修地住民の移転に限定されたものではなく県の南方（みなみかた）を含めたより広い範囲から移民を集めていた。

徳島と吉野村の関係はその名称が示すとおり密接なもののように思われる。だが徳島にとっての台湾移民は1位の北海道、2位の朝鮮につぐ3番目の選択肢であった。また吉野村にとっても徳島県人は重要な構成分子であるにせよ、全体を説明するものではない。移民の出身地は西日本を中心とする各府県に及び、徳島県人は吉野村宮前集落という最初期の入植では多数を占めているが、それ以外の集落では中心的な存在ではなかった［荒武2007:100］。本稿で考察した徳島から台湾東部吉野村への移民は大日本帝国内の網目状に広がる人口移動のなかのたった一筋の流れに過ぎない。両者の関係のみを抽出して移民を論ずることは、個々人のライフヒストリーとして論ずる上では十分に尊重すべきであるが、移住現象の全体像を見失う危険性を内包しているのである。

参考史料

花蓮港庁［1928］『三移民村』花蓮港庁。後、栗原純・鍾淑敏監修『近代台湾都市案内集成』第16巻、ゆまに書房、2015年に収録。

台湾総督府［1919］『台湾総督府官営移民事業報告書』台湾総督府。後、栗原純・鍾淑敏監修『近代台湾都市案内集成』第14巻、ゆまに書房、2015年に収録。

『徳島毎日新聞』（本稿では『徳新』と略記）明治42年～明治45年（大正元年）、徳島県立図書館所蔵

参考文献

荒武達朗［2007］「日本統治時代台湾東部への移民と送出地」『徳島大学総合科学部人間社会文化研究』第14巻

荒武達朗［2010］「内地農民と台湾東部移民村――『台湾総督府文書』の分析を中心に」『徳島大学総合科学部人間社会文化研究』第18巻

卞鳳奎［2006］「日本統治時代台湾の日本人移民情況――花蓮県の吉野村を中心にして」

『南島史学』第68号
平井松午［2006］『近代北海道の開発と移民の送出構造』札幌大学経済学部附属地域経済研究所
磯本宏紀［2008］「潜水器漁業の導入と朝鮮海出漁――伊島漁民の植民地漁業経営と技術伝播をめぐって」『徳島県立博物館研究報告』第18号
中川新作［1942］『劔岳中川帰之助年譜』個人刊、徳島県立図書館所蔵
大平洋一［2004］「住民の手記に見る台湾東部豊田官営移民村の生活環境――史料としての『小松兼太郎一代記』」『史峯』第10号
大平洋一［2006］「台湾東部花蓮港庁における内地人移民村の発展と変化――豊田村内および周辺地域におけるエスニックグループ構成の変化を中心に」『現代中国』第80号
山口政治［2007］『知られざる東台湾――湾生が綴るもう一つの台湾史』展転社
王淑娟等［2017］『来去吉野村――日治時期島内移民生活紀事』台湾行動研究学会
張素玢［2001］『台湾的日本農業移民（1909–1945）――以官営移民為中心』国史館
張素玢［2017］『未竟的殖民――日本在台移民村』衛城出版（［張素玢2001］の再刊）

日本統治末期、義愛公像の虚実

——志村秋翠『明治の呉鳳』と國分直一「義愛公と童乩と地方民」をめぐって——

土屋　洋

はじめに

日本統治時代の嘉義で森川清治郎という一人の日本人警官が神として祀られた。義愛公と称され、今も嘉義県東石郷副瀬村の富安宮等に祀られるその人物は、台湾で神になった日本人として、これまで少なからず顕彰や研究が行われてきた[1]。

もっとも、この義愛公森川への注目はいまに始まったわけではない。それはすでに1930年代の台湾で一つの頂点を迎えていた。一巡査に過ぎなかった森川が、当時、少なからず注目を浴びた背景には、神として祀られたという事実以外に、政治的な動機が存在していたに相違ない。果たして義愛公森川は、いかなる政治的動きの中で注目されるに至ったのか。この点を見極めることは、義愛公森川の実像に迫る上で必要というだけでなく、当時の日台

1　管見の限り、戦後、義愛公を取り上げた論著は、以下の通りである。小松延秀『義愛公と私』（台湾友好親善協会、1989年）、森川愛口述・平井新著・王力生訳『義愛公伝』（新荘北巡聖安宮管理委員会、1999年）、小林よしのり『新ゴーマニズム宣言special台湾論』（小学館、2000年）、東アジア文史哲ネットワーク編『小林よしのり『台湾論』を超えて——台湾への新しい視座』（作品社、2001年）、松本征儀「義愛公信仰の成立とその分霊」（桜美林大学大学院国際学研究科修士論文、2002年）、尾原仁美「台湾民間信仰裏対日本人神明的祭祀及其意義」（政治大学民族研究所碩士論文、2007年）、王振栄『義愛公伝——超越時空生息的森川清治郎』（富安宮管理委員会、2007年）、黄国哲「日本巡査、台湾神明——「義愛公」的田野調査」（『民俗与文化』 4号、2007年）、江志宏・郭盈良「嘉義市小副瀬「義愛公」信仰的社会意義」（『嘉義研究』創刊号、2010年）、李明仁「副瀬的日本王爺義愛公——森川清治郎」（『台湾学通訊』88号、2015年）。特に、松本征儀「義愛公信仰の成立とその分霊」、江志宏・郭盈良「嘉義市小副瀬「義愛公」信仰的社会意義」は、資料が博捜されており、参照価値が高い。

関係を考える上での一つのよすがともなろう。

そこでまず本稿では、日中戦争勃発の前夜に刊行され、義愛公森川を顕彰した著作である志村秋翠著『明治の呉鳳』（1937年）を取り上げたい。呉鳳は清代嘉義の人で、自らの身を犠牲にして先住民の首狩りの風習をやめさせた「義人」として、台湾はもとより、日本や朝鮮でもよく知られた人物である[2]。児童向けの読み物であった『明治の呉鳳』は、義愛公森川を、呉鳳同様、自らの身を犠牲にして民衆を善導した「義人」として、虚々実々、描き出すものであった。果たしてこの書は、具体的にいかなる義愛公像を提示し、またいかにして執筆されたのか。著者志村秋翠についての考察もふまえながら、この書の背景に迫りたい。

さらに本稿では、民俗学者、考古学者として知られる國分直一著「義愛公と童乩と地方民」（1937年）という一文も取り上げたい。皇民化運動が吹き荒れるなか、台北帝国大学教授金関丈夫等が創刊した『民俗台湾』の運動に参加した國分は、この運動に先んじて、台南での民俗採集を精力的に進めていた。こうしたなか、國分は東石郡の童乩（タンキー）（シャーマン）についての調査に従事し、この一文を著すのである。この一文は志村『明治の呉鳳』と同時期に著されたものであったが、そこで提示された義愛公像は『明治の呉鳳』で提示されたそれとは大きく異なっていた。果たして、國分が提示した義愛公像はいかなるもので、またそれはいかにして提示されるに至ったのか。後述する通り、國分が行った調査は東石郡警察による童乩検挙と密接に関係していたが、この一文が執筆された政治的な背景に迫りたい。

なお本稿では、これらの考察を通じて、当時、台湾にあった日本の知識人が、皇民化政策下、いかに台湾の民俗に向き合ったのか、という問題についても考えることとしたい。

Ⅰ．『明治の呉鳳』と志村秋翠

1．『明治の呉鳳』について

『明治の呉鳳』は、奥付の記載によれば、昭和12（1937）年4月1日印

2　拙論「日治時期学校教育中的「呉鳳」——台湾、日本及朝鮮」（『嘉義研究』創刊号、2010年）。

刷、同年4月5日発行、著作兼発行人志村秋翠、発行所台南みどり社（社主は志村秋翠）である（図1）。「非売品」とされたこの書は、おそらく台南州政府から資金を得て、州下の教育機関に頒布されたものであろう。というのも、同書に題字や序を寄せているのは、台北州知事（前台南州知事）今川淵（題字）以下、台南州知事藤田傊次郎（題字）、台南州警務部長佐々木金太郎（序文）、台南州衛生課長野田兵三（序文）、台南州教育課長曽根原弘（序文）等の州政府要人であり、台南州政府による組織的支援が強く窺われるからである。そもそもこの書の書名『明治の呉鳳』は、今川淵が台南州知事だった頃、森川の事績を知って「明治の呉鳳」と激賞したことに由来するという[3]。今川は、当時、神社参拝をめぐって揺れたキリスト教系学校の台南長老教中学と淡水中学に対し、「断固排撃」を主導したことで知られる人物である[4]。

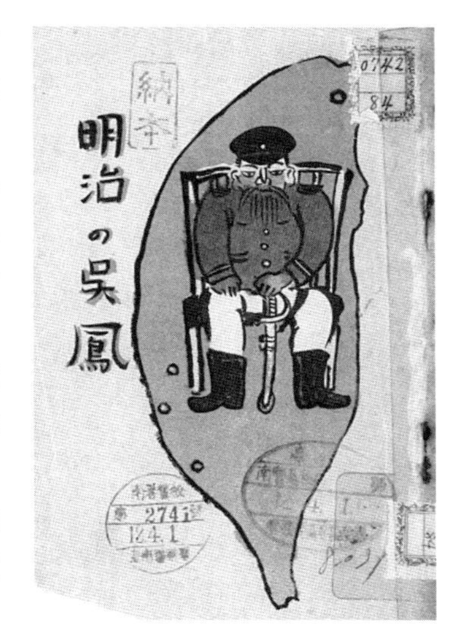

図1　『明治の呉鳳』（国立台湾図書館蔵）

佐々木の序には、「蓋し一巡査が…神として尊崇されて居るが如き事は全世界何れの植民地に於ても全く類のない事実」云々と見え、また野田の序には、「〔台湾の発展は…筆者〕ペスト、マラリア、赤痢等諸種の伝染病至る所に流行、暴威を逞ふし、此等の犠牲として本島の土と化せし幾百千の尊き先人の偉業たらずんばあらず。然れども未だ嘗て部落民の尊崇を受け神祀せられしあるを聞かず、独り我が義愛公森川清治郎巡査のあるあり、明治の呉鳳たる所以なり」と見える。この二人の序から、この書が台南州警察、とりわけ衛生警察との深い関わりがあったことが窺われる[5]。一方、著者志村秋翠の

3　志村秋翠「「明治の呉鳳」に就いて」（『明治の呉鳳』台南みどり社、1937年、国立台湾図書館蔵）。

4　駒込武『世界史のなかの台湾植民地支配——台南長老教中学校からの視座』（岩波書店、2015年）467–590頁。

5　当時、衛生課は警務部下に置かれていた。

緒言には、「子供に与へる材料はいつでも教育的でなくてはならぬ。本書は故森川巡査の単なる伝記ではありません。その尊い献身的精神、義愛に燃ゆる一念を、少年少女諸君にご紹介し、以て殉職殉国の大精神を養ふのが目的であります」と述べられている[6]。要は、「殉職殉国の大精神を養ふ」という教育目的にかなうように脚色や改編を施した、ということであろう。

この書は上述の佐々木警務部長、野田衛生課長等の州警察から材料蒐集の便宜を得て執筆されたという[7]。ここでいう材料とは、『台湾警察時報』に連載された佐々木周次（ママ）郎「神に祀られた警察官」（1932年）ならびに台南州警務部「神に祀られた故森川巡査」（1932–33年）に相違ない[8]。とりわけ後者の「神に祀られた故森川巡査」は、警察の内部資料をはじめ、森川の遺児で当時公学校長であった森川真一、その他森川の旧知、東石郡副瀬村の住民等からの聞き取りによって編纂されたもので、森川の事績を知る上で最も基本となる資料である。ただし、注意すべきは、この資料そのものが警察自身の手によって編纂され、その編纂は当時の政治的状況と無縁ではなかった、ということである。そもそも森川が神として祀られたのは1923年のことであり、このことは当時すでに報じられていたが（図２）[9]、これが『台湾警察時報』という警察内部の雑誌に、森川の詳細な事績とともに紹介されたのは、それから約10年も経った1932年のことである。この時になってようやく森川の事績が大きく取り上げられたのは一体なにゆえであったのか。それは、他でもなく、1930年から31年にかけて日本人巡査の先住民殴打に端を発した一大蜂起・霧社事件が発生し、当時、警察に対する台湾民衆の不信感が極度に高まっていたからに相違ない[10]。すなわち、この事件によって失

6　前掲志村秋翠『明治の呉鳳』緒言。

7　同上志村秋翠『明治の呉鳳』御礼。

8　佐々木周次郎「神に祀られた警察官（一－二）」（『台湾警察時報』47–48号、1932年）、台南州警務部「神に祀られた故森川巡査（一－五）」（同上『台湾警察時報』206–210号、1933年）。佐々木周次郎は森川と同じ東石郡の巡査であった。台湾警察協会『（昭和八年版）警察職員録』（台湾警察協会、1932年）107頁。ただし、職員録では「佐々木周治郎」と見える。

9　『台南新報』（1923年５月17日）、『台湾日日新報』（1923年５月18日）、「死後神と祀らるる森川巡査至誠の余薫」。

10　当時の台湾警察に対する民衆の不信について、例えば台湾人の「喉舌」たる『台湾新民報』は、「社説 霧社事件清算」（346号、1931年１月10日）で、「若要追究其真因、近則由該地的警察酷使虐待所激発的、遠則因高圧政策征服心理所醸成的」と述べ、霧社事件の直接的原因を警察による「酷使虐待」に求めていた。また、霧社事件ならびに満洲事変発生以降の『台湾警察

今は昔上官に曲解され
憤死した故森川巡査が
部落の民に慕はれて
木像を作つて廟に合祀

木像に
感化に
歎願を
義侠心

十機を使用、
大阪別府

図２　『台南新報』（1923年５月17日）

われた台湾警察の信頼回復と綱紀引き締めのために、眠っていた森川の事績が掘り起こされ、顕彰されるに至った、というわけである。したがって、この資料は、前述の通り、森川の事績を知る上で基本となるものではあっても、あくまでも警察内部の啓発的読み物として、構成されたものであったことに注意が必要である。この点はこの連載の最後に、「永い間御愛讀を賜つた故森川巡査の物語も之で完結致しました。…時局柄殊に此等先人の霊に鑑みて、私共は一層奮励努力せずんばある可らずと思考致します」とあることからも明らかである[11]。

『明治の呉鳳』はこうした資料に基づいて書かれたものであり、したがってそれは警察の啓発のために構成された物語の上に、さらに台南州衛生課への配慮や子どもたちへの教育的配慮などを重ねて再構成されたものであった。つまり、二重三重に構成された物語だったわけである。このような物語は、当然ながら、少なからぬ脚色や創作が含まれるものとして読まれねばなるまい。それでは実際のところ、『明治の呉鳳』はいかなる内容を有していたのか。この書の本文は４節から成るが、以下、各節について、台南州警務部「神に祀られた故森川巡査」と比較しながら、内容を確認したい。

時報』では、「警察官の素質果たして向上せりや？」（36号、1931年７月15日）、「大衆の心を心とせよ」（41号、1931年10月15日）、「時局と本島警察官の覚悟」（47号、1932年３月１日）といった警察官の資質向上や綱紀粛正を促す記事が目立つようになっている。一方、今川淵台南州知事が地方巡視を行った際、「測らずも森川の善行を発見」したとのことで、このおそらくは1932年５月の知事による東石郡巡視も、義愛公顕彰の一つのきっかけとなったであろう。田中きわの「部落教化の神さま　森川巡査（二）」（『台湾』５号、台湾通信社、1934年）。

11　前掲台南州警務部「神に祀られた故森川巡査（五）」101頁。

まず第1節では、森川の生い立ち、少時の様子、台湾の巡査となり副瀬部落の人々の世話を熱心に行ったこと、病気の蒼経さんのお父さんを親身になって見舞ったこと、書房教師の荘隆先生と相談して書房で漢文を勉強する児童に国語を学ばせ、よくできたものには紙や筆を褒美として与えたこと、などが描かれる。また、「私達はみんな同じ日本の国民です。天皇陛下の赤子です。一人でも不幸な者があつたら助けるのが当たり前です」、「村の子供達がだん〳〵国語を覚え、やがて大人もみんな国語が話せるやうになる日を、私は何より楽しみにしてゐますよ」等が森川の言葉として語られる。これらの逸話は概ね「神に祀られた故森川巡査」にも見ることができるが、人名や森川の言葉は創作である。

第2節では、農業を奨励したこと、壮丁団に御馳走して慰労したこと、牡蠣で足を怪我した黄渓さんを助け、自分の怪我は顧みなかったこと、土匪に味方したことを疑われ、処刑されそうになっていた蔡稠さんを助けるために奔走し、その冤罪を晴らしたこと、などが描かれる。これらの逸話も、潤色が見られるものの、概ね「神に祀られた故森川巡査」に見ることができる。

第3節では、副瀬部落に肺ペストが流行したこと、大雨の中、森川が隔離病舎を修繕したこと、自宅に帰りたがる病人を「どうしても出て行く者は、私を殺してから出て行つて下さい」と言って制したこと、親身になって看病するうちに、とうとう自ら肺ペストにかかって、33歳で亡くなってしまったこと、副瀬部落の人達は親に死に別れたように悲しみ、泣く泣く立派なお葬式をしたこと、などが描かれる。この一節はほとんどが創作である。なお「神に祀られた故森川巡査」では、上司との間に生じた齟齬に気を病んだ森川が銃で自殺したとされる。

最後に、第4節では、大正12年2月、東石地方に脳脊髄膜炎が流行したこと、その月に保正李九さんの枕元に森川が立ち、病気に気をつけるよう告げたこと、村人は森川の恩に感謝し、森川の木像を造り、大正12年5月22日、富安宮に神として祀ったこと、東石地方の人々は森川を今なお尊敬し、病気にかかると神像を奉戴してお祈りをすること、森川の子真一は公学校長として台湾人教育に身を捧げていること、などが描かれる。これらの逸話も、多少の潤色は見られるが、概ね「神に祀られた故森川巡査」に見ることができる。

以上の通り、この『明治の呉鳳』は、概ね台南州警務部「神に祀られた故森川巡査」に依拠したものであったが、第3節はまったくの創作に出るものであった。このような創作がなされた理由は、まず第一に、森川が、呉鳳同様、自らの身を犠牲にして部落民を善導したことを劇的に演出し、子どもたちの「殉職殉国の大精神」を養うという狙いがあったからに他なるまい[12]。第二に、より直接的な理由として、台南州警務部衛生課の意を体して、衛生警察のこれまでの献身的な職務を顕彰するとともに、当時進められていた部落振興運動における衛生意識の向上に寄与する狙いがあったからであろう。当時の台湾では、満洲事変以降、1932年から33年にかけて部落振興運動が推進され、1934年の「台湾社会教化要綱」の発布、1936年の「民風作興運動」の発動、日中戦争勃発前後の皇民化運動の推進へと続く一連の過程の中で、社会の末端にまで教化や規制が行われようとしていた[13]。要するにこの書は、こうした一連の運動を直接的に推進する立場にあった警察を美化することで、この運動に寄与することを目指して刊行されたものであったのだろう。

なお、日本統治時代前半期の台湾ではペストが猛威を振るい、とりわけ東石郡は「台湾のペストの本拠地」と呼ばれるほどであった。多くの人々がその犠牲となったのはもちろん、この地の防疫業務に従事した衛生警察で犠牲となったものも少なくなかったようである[14]。『明治の呉鳳』はフィクションであったとはいえ、東石郡のこうした状況が反映されていたことに留意しておきたい。

2．志村秋翠について

それでは、この書の著者・志村秋翠とはいかなる人物であったのか。台南を中心に活動した児童文学作家であった志村については、先行研究によってその人物像がある程度明らかにされている[15]。以下、特に『明治の呉鳳』執筆の背景を探ることを目的として、あらためてこの人物について見ることと

12　前掲志村秋翠『明治の呉鳳』緒言。

13　近藤正己『総力戦と台湾——日本植民地崩壊の研究』(刀水書房、1996年) 141–260頁。

14　以上、鷲巣敦哉著『台湾警察四十年史話』(鷲巣敦哉、1938年、のち緑蔭書房、2000年) 419–426頁。

15　游珮芸『日治時期台湾的児童文化』(玉山社、2007年) 127–153、293–302頁。

図３　志村秋翠（同『明治の呉鳳』より）

したい。

志村秋翠、児童文学関係の人名辞典類にその名は見えず、彼のまとまった経歴を知ることはできない。しかし、彼は日本童話協会評議員兼講師として日本童話協会の機関誌『童話研究』にしばしば作品や会員だよりを寄せており、それらの記述から断片的な人物像を窺うことができる。すなわち、彼は東京学芸大学の前身である青山師範学校を卒業し、長く東京の学校に在職したのち、台南へと移り住んだ。台湾ではプロの口演童話家ならびに童話作家として活動し、学校や工場をめぐって童話の口演や教育問題の講演を行っていた他、ラジオ番組にも出演していた[16]。作品には、「台湾童話 狐狸の話」（1935年）、「お話し売り」（1936年）、「伝説物語 台湾桃太郎」（1937年）、「口演資料 明治の呉鳳」（1937年）、「正直の頭に神宿る」（1938年）、「召集令状」（1938年）、「君が代少年」（1939年）、「兎のお耳」（1939年）、「死の愛国行進曲」（1940年）等があり、『童話研究』および台湾の雑誌に掲載されている[17]。

志村の人物像について考える前に、彼が評議員兼講師として活動した日本童話協会ならびにその機関誌『童話研究』について簡単に触れておきたい。復刻された『童話研究』の解説によれば、同誌は日本児童文化のルネッサンスと呼ばれる大正期児童芸術運動が展開する1922年にその理論的根拠を探

16　以上、「会員だより」（『童話研究』15巻２号、1935年、のち日本童話協会編『童話研究（復刻版）』久山社、1988–89年）、「会員だより」（『童話研究』16巻５号、1936年）、「志村秋翠講師の活動」（同17巻７号、1937年）。また前掲游珮芸『日治時期台湾的児童文化』127–153頁。

17　志村秋翠「台湾童話 狐狸の話」（『童話研究』15巻５号、1935年）、同「お話し売り」（『童話研究』16巻１号、1936年）、同「伝説物語 台湾桃太郎」（『童話研究』17巻４号、1937年）、同「口演資料 明治の呉鳳」（『童話研究』17巻５号、1937年）、同「正直の頭に神宿る」（『台南州自動車協会会報』２巻8–9号、1938年）、同「召集令状」（『台南州自動車協会会報』２巻11–12号、1938年）、同「君が代少年」（『台南州自動車協会会報』３巻３号、1939年）、同「兎のお耳」（『台南州自動車協会会報』３巻５号、1939年）、同「死の愛国行進曲」（『童話研究』20巻７号、1940）。この他、志村秋翠「体験の口演童話」（『童話研究』15巻4–6号、1935年）、同「昭和十一年の記録の一節 三つの小さな魂」（『童話研究』17巻２号、1937年）等がある。

求する唯一の研究誌として創刊された。同誌の発行者である日本童話協会は創作童話作家たちの吸収統一等を目的として創設された組織で、主宰者は童話作家・研究者であった蘆谷蘆村、のち童話作家協会の創設によって、日本童話協会は「口演童話」の児童芸術性を探求し、童話作家協会は童話文学を創造する作家集団としてそれぞれ特性を活かすこととなる。総じて、口演童話を重視した日本童話協会の児童文化運動は、童心主義児童芸術運動の一翼を担い、その歴史的役割を果たした。後期においては童心主義から生活主義への転機を迎えたが、高いうねりの軍国日本主義の荒波に打ち砕かれて終わった、という[18]。

このように口演童話を重視した日本童話協会は、口演童話家であった志村にとって格好の活動の舞台となったであろう。彼は日本童話協会台南支部を組織するなど、協会のために精力的な活動を進めていた。その熱心さは協会員から「熱の童話家」と称されるほどであった[19]。このように情熱を傾けた『童話研究』と軌を一にし、彼もまた童心主義というべき児童中心主義的視点を有していたようである。例えば、彼が『童話研究』に連載した「体験の口演童話」では、冒頭「童心に帰れ」と掲げられ、「私長らく教員をいたしましたが、平たく申しますれば、小学校の先生は、子供を教へるのが仕事で御座います。それだのに私はあべこべに教へられた部分の方が多いやうで御座います」「彼等が等しく持つアノ天真爛漫の境地！これこそ私共が死ぬまで持つてゐなければならない心の花であると確信いたします」等と述べられていた[20]。すなわち、子どもは大人に従属する存在ではなく、むしろ大人が学ぶべき対象である、というわけである。台湾にあった彼が、台湾の民話に取材した「狐狸の話」、「台湾桃太郎」などの創作活動を行ったのも、台湾児童の視点を重視した児童中心主義の表れであっただろう。

しかし、日中戦争が勃発し、時局が緊迫すると、状況は大きく変化した。1937年8月号の『童話研究』はいちはやく「時局に対する協会の任務」を発表し、「皇国の世界的位置を決定すべき此の重大事局に対し、われら童話

18 滑川道夫「児童文化史における「童話研究」の展望」（滑川道夫他編『童話研究』別巻、久山社、1989年）25–27頁。

19 「支部新設」（『童話研究』16巻2号、1936年）、内山憲堂「台湾童話会片々」（『童話研究』16巻3号、1936年）。

20 前掲志村秋翠「体験の口演童話」。

家の任務たるや極めて重大である。特に、優秀なる軍国童話を以て、幼少年の精神教育に努め、銃後の守りに貢献することこそ、童話家の努むべき第一事といはねばならぬ」と気勢を上げた[21]。同時に、誌上では「愛国童話作品募集」や「軍国童話号」（1937年9月）、「軍国話材特輯」（1937年10月）といった特集が組まれ[22]、蘆谷蘆村による「軍国童話の再出発」、「当面の問題、来るべき問題」、「戦争童話の教育的価値」といった時局追従的な論説もさかんに掲載された[23]。こうして同誌は急速に戦争協力の姿勢を打ち出していったのである[24]。

志村秋翠も『童話研究』のこうした動きに足並みを揃えている。同誌の1937年11月号に掲載された志村から蘆谷蘆村宛の書簡では、志村の近況報告として、公学校への巡回講演で、「(1) 今度の事変大日本帝国が…、支那の国民に悪い支那政府軍及軍隊と戦つてゐること。(2) 日本は正しい戦ひの外はせぬ、だから戦へば必ず勝つこと。(3) 皇軍の有難いこと。日本人の一番名誉は、一旦緩急の場合、天皇陛下に喜んで命を捧げ奉ること…」等を話していると紹介している。また蘆谷の論説への感想として、「九月号の「当面の問題、来るべき問題」と題されました先生の御高見楽しくお読させて戴きました。…日本の現在は世界の指導者特に支那にとつては世界唯一の慈父慈母の立場にあります。十分支那語に通じ支那人の心にくひ入つて指導してやる必要を痛感いたします」と述べ、蘆谷への共鳴を示すとともに、戦争協力の姿勢を明らかにしていた[25]。なお、蘆谷と志村との関係は浅くなかったよ

---

21 「時局に対する協会の任務」（『童話研究』17巻8号、1937年）。

22 「愛国童話作品募集」（『童話研究』17巻9号、1937年）。

23 蘆谷蘆村「軍国童話の再出発」（『童話研究』17巻8号、1937年）、同「当面の問題、来るべき問題」（『童話研究』17巻9号、1937年）、同「戦争童話の教育的価値」（『童話研究』17巻10号、1937年）。

24 児童雑誌に対する言論統制については、1938年10月に内務省「児童読物改善に関する指示要項」が出され、1941年12月に、それまでの各種児童文化団体が統廃合され、日本少国民文化協会が設立された。山中恒『少国民戦争文化史』（辺境社、2013年）参照。『童話研究』の戦争協力姿勢は、こうした政府による言論統制に先んじていたが、しかしこうした同誌も21巻8号（1941年8月）を以て廃刊となった。

25 蘆谷の「当面の問題、来るべき問題」は、中国に対し、「徹底的膺懲」、「思想的に指導」を行うこと、さらに童話家としては、「童話を通じての民族親善」、「日本の青年童話家が、支那語に習熟し、支那の子供たちの中に入つて行つて、童話をやる」べきことを訴えるものであった。これは1937年8月15日の近衛首相による「支那軍の暴戻を膺懲し…、支那における排外抗日を根絶し…、日満支三国間の融和提携の実を挙げん」とする声明に応じたものであろう。

一、義愛公森川巡査
ました。森川さんは、それを見ると、驚いて屋根から飛び下り、兩手をひろ
げて逃げてゆく患者を抱き止めました。
みなさん、どう
思ひますか。肺ペ
ストの患者を抱く
といふことは、爆
彈を抱くと同じ危
險なことなのです
萬々一、生きるこ
とはできません。
しかし、森川さ
一四

んは、村人の爲を
思つて斷然患者た
ちを抱き止めまし
た。
「皆さん、氣を落
ちつけて下さい。
今この雨の中を出
て行つたら、皆さ
んは途中で死んで
しまふ。氣を落ち
つけて、私がつい
一、義愛公森川巡査
一五

図４　蘆谷蘆村「義愛公森川巡査」(同『三吉の学校』より)

うで、蘆谷が編纂した童話集には志村『明治の呉鳳』を改編した「義愛公森川巡査」が掲載されている（図４)[26]。

こうした志村の変化は、彼自身が描いた童話から最もよく見て取ることができる。彼の主な作品は前述の通りだが、日中戦争勃発以降に発表された作品は、時局色が濃いものへと変化していた。例えば、「召集令状」は、盲目の父に召集令状が届き、忠義を尽くしたいという父のために息子が父の手を引いて召集に応じる、というもの[27]。「君が代少年」は、台南の小学４年生の児童が腹膜炎にかかり、死の間際、「天皇陛下万歳」を三唱し、「君が代」を歌いながら亡くなった、というもの[28]。さらに「死の愛国行進曲」は、公学校３年の児童が水牛に目を突かれ、日本人担任が懸命に看病するも、数日して危篤に陥り、担任の腕の中で「愛国行進曲」を歌いながら最後を迎える、というものである。なお、この最後の一文の前言には、「来るべき興亜の教

26　蘆谷蘆村『三吉の学校』(駸々堂書店、1942年)。

27　前掲志村秋翠「召集令状」。

28　前掲志村秋翠「君が代少年」。「君が代少年」については、国民学校の国語教科書に掲載された詹徳坤が有名であるがこれは別人である。周婉窈「日治末期「国家少年」的統治神話及其時代背景」(同『海行兮的年代——日本殖民統治末期台湾史論集』允晨文化有限公司、2003年)。なお、登場する教員が実在の人物であるため、実話に取材するところもあったのだろう。

育者に対し、よき模範として、このエピソードを贈る」云々と見える[29]。

このように、志村のかつての児童中心主義的視点は、児童を「少国民」として「錬成」の対象とみなす国家主義的視点へと取って代わられていった[30]。『明治の呉鳳』は、彼の視点が変化する日中戦争勃発の前夜に書かれたものであったが、そこにはすでにその変化が映し出されていた。すなわち、『童話研究』所載の「口演資料 明治の呉鳳」に付された「はしがき」から読み取れるように、その視点はすでに、いかに植民地を教化し、天皇による治世を世界に拡げていくか、という国家主義的視点に貫かれていたのである[31]。

> 日本の国はひろいが、一人の巡査が、村の守り神と祀られて、村人から朝夕に崇み拝まれてゐる話はあるまい。ただ台湾台東(ママ)州東石郡副瀬部落にそれがある。植民地の教化、満洲国の援助開拓、内鮮融和、日本の志士仁人が身を捧げて努めなければならぬ仕事が山のやうにあるがこの話の主人公森川巡査のやうな人が、続々として現れたなら、さうした仕事の困難は消失するであらう。否日本人のすべてが、森川巡査の心をもつて、新しい同胞に接したならば、天祖の大業を宇内に恢弘することも期して待つべきであらう。

Ⅱ．國分直一と「義愛公と童乩と地方民」

1．國分直一について

以上、『明治の呉鳳』と志村秋翠について見てきたが、以下、この書と同時期に執筆された國分直一「義愛公と童乩と地方民」について検討したい。前述の通り、両者は同時期に書かれ、いずれも義愛公を対象としていたが、両者の義愛公像は大きく異なっていた。果たして、國分が提示した義愛公像はいかなるもので、またそれはいかにして提示されるに至ったのか。まずは國分直一という人物について、簡単に見ておきたい。

29　前掲志村秋翠「死の愛国行進曲」。この話に登場する教員も、実在の人物であった。

30　「社団法人日本少国民文化協会定款」（前掲山中恒『少国民戦争文化史』341–362頁より転載）。

31　前掲志村秋翠「口演資料 明治の呉鳳」。

図５　國分直一（右）（1949年台湾大学文学院前、安溪遊地・平川敬治編『遠い空——國分直一、人と学問』、150頁より）

國分直一（1908–2005年）、東アジア先史学・民俗学の総合的研究を展開した考古・人類学者。1908（明治41）年４月28日、東京生まれ。33年３月、京都大学史学科卒業。台湾大学、水産大学校、熊本大学、東京教育大学、梅光女学院大学などの教授を歴任。第二次世界大戦前、台湾で金関丈夫の雑誌『民俗台湾』の運動に加わる。「沖縄を知ることのない日本人の一生は不幸である」との金関の持論に従い、1954年波照間島総合調査に参加した。以後、奄美、種子島・屋久島に至るまで、琉球弧の先史学・民俗学のフィールドワークを実施した。下関で創刊した考古・人類・民族・民俗の総合学術グラフ雑誌『えとのす』においては、奄美・沖縄をめぐるテーマを数多くとりあげている。主要な著書に、『南島先史時代の研究』（1972年）、『環シナ海民文化考』（1976年）、『北の道南の道』（1992年）などがある[32]。

このように國分は考古学者・人類学者として、広く日本とアジアとの文化的な関わりを考究し、学術界に小さからぬ足跡を残した人物である。とりわけ、本稿で注目すべきは、國分が台湾と深い関わりを有していたことである。すなわち、國分は生後まもなく台湾打狗（高雄）の郵便局に転勤となった父のもとへ母とともに渡台、打狗、嘉義、台南、台北で小中高時代を過ごし、1933年に京都帝大史学科を卒業したのちは、台南第一高等女学校に赴任、この当時から台湾での遺跡発掘や民俗採集に従事、1943年台北師範学校本科教授に任用、戦後は台湾で留用、台湾省立編訳館編審、台湾大学文学院史学系副教授として台湾での調査・資料の整理等に従事、1949年に日本

32　以上、安渓遊地「國分直一」（渡邊欣雄・岡野宣勝・佐藤壮広・塩月亮子・宮下克也編『沖縄民俗辞典』吉川弘文館、2008年）。

に帰還した[33]。台湾に関する著作も多く、『壺を祀る村』、『台湾の民俗』、『台湾考古誌』（金関丈夫との共著）、『台湾考古民族誌』等がある[34]。なお、彼の没後遺された書物と資料は、国立台湾大学図書館に寄贈されている[35]。

國分が台湾にあった時代、とりわけ1941年に当時台北帝国大学解剖学教授であった金関丈夫等が『民俗台湾』を創刊すると、國分もこの運動に参加し、漢族系農漁村や平埔族の村々を採訪することが多くなったという。またその際の採訪ノートは、随筆風にまとめて、雑誌に寄稿していたともいう。こうしてたまった採訪ノートをまとめたものが台湾南部の民俗誌である『壺を祀る村――南方台湾民俗考』（1944年）であった。戦局が切迫した状況下にあって、一回の校正の機会も与えられないまま出版された同書は、「誤植にみちた」ものだったというが[36]、國分が深い信頼を寄せた金関丈夫の評によれば、「一つの小さい社会を、生きた社会そのものとして、有機的に取扱ふ。学問的の（ママ）分析眼の背後に、生きた人間がなくては、固よりこの仕事は出来ない。著者はよくこれを為し得た」と賛辞が送られるものであった[37]。なおこの書は、戦後、改訂・増補がなされた上で、『壺を祀る村――台湾民俗誌』（1981年）として復刊されている[38]。

2．「義愛公と童乩と地方民」について

以上の通り、戦前、台南にあった國分は、南部の村々の民俗を採訪し、その採訪ノートを随筆風にまとめて、雑誌や著書で公表していたとのことだったが、こうして公表された彼の文章の一つが、本稿が検討を加えようとする「義愛公と童乩と地方民」である。この一文は國分が東石地方の海岸沿いの集落を訪れた際の調査に基づいて、義愛公信仰ならびにその背景としての

---

33 安渓遊地、平川敬治編『遠い空――國分直一、人と学問』（海鳥社、2006年）299–307頁。

34 國分直一『壺を祀る村――南方台湾民俗考』（東都書籍、1944年、のち同『壺を祀る村――台湾民俗誌』法政大学出版局、1981年）、同『台湾の民俗』（岩崎美術社、1968年）、金関丈夫・國分直一『台湾考古誌』（法政大学出版局、1979年）、國分直一『台湾考古民族誌』（慶友社、1981年）。

35 木下尚子「台湾に帰郷した國分直一先生の資料」（『古代文化』64巻1号、2012年）。

36 以上、前掲國分直一『壺を祀る村――台湾民俗誌』436–440頁。

37 金関丈夫「國分直一著 壺を祀る村」（『民俗台湾』5巻1号、1945年、のち『民俗台湾（復刻版）』湘南堂書店、1985年）。

38 前掲國分直一『壺を祀る村――台湾民俗誌』。

人々の暮らしや宗教について述べたものである。

この一文を検討するに際し、まず留意すべきは、この調査が國分単独で行われたものではなく、1936年6月に台南州東石郡警察課が同郡下の童乩329名を一斉検挙した際に行った童乩の実態調査に関連して行われたものだった、ということである。この時の警察の手になる調査記録は、1937年3月に台南州衛生課から刊行されているが、これは東石郡警察課長永田三敬および司法主任篠宮秀雄によって整理、上述の州衛生課長野田兵三を経て、國分が再整理したものであった[39]。國分の「義愛公と童乩と地方民」は随筆風に書かれたもので、あくまでも彼が個人的に著した文章ではあったが、この一文が警察と共同して行われた調査に基づくものであったことには注意を要する。いうまでもなく、当時このように台湾の在来宗教に対する締め付けが強まったのは、1936年の「民風作興運動」の発動から、日中戦争勃発前後の皇民化運動の推進へと展開していく過程において、神社崇敬、在来宗教・慣習の改善打破等が強く求められるようになっていったからに他ならない[40]。

さらに、この一文について留意すべきは、この一文にはそれぞれ異なる3種のテキストがある、ということである。それらを公表順に挙げると、以下の通りである。

①國分直一「義愛公と童乩と地方民」(『台湾教育会雑誌』415号、1937年)

②國分直一「義愛公と地方民」(同『壺を祀る村——南方台湾民俗考』東都書籍、1944年)

③國分直一「義愛公と地方民」(同『壺を祀る村——台湾民俗誌』法政大学出版局、1981年)

①と②のタイトルは異なっているものの、細かな点を除いて異同はほとんどない。また②の文末には「昭和十一年八月十日」と見えるので、この一文がもともと1936年8月に書かれたことがわかる。しかし、①と②を子細に比較すれば、①が先に②が後に書かれたことがわかる[41]。すなわち、1936年

39 未署名『童乩』(台南州衛生課、1937年)、國分直一「童乩の研究(上)」(『民俗台湾』1巻1号、1941年)10頁。

40 蔡錦堂『日本帝国主義下台湾の宗教政策』(同成社、1994年)84–129頁。

41 例えば、①の註5では「東石地方の童乩検挙については近く台南州衛生課より刊行物が出る事になつてゐる」とあるのに対し、②の註5では「東石地方の童乩検挙については、台南州衛生課より刊行物が出ている」となっている。

8月に①が書かれ、その後微細な修正が施されたものが②である。異同が最も大きいのは③である。これは誤植の修正というにとどまらず、表現のニュアンスの変更、少なからぬ筆削、さらには全体の論旨の変更までが行われている。

以下、それぞれのテキストの異同に注意しながら、この一文の内容を見ていくこととしたい。なお、いずれのテキストも章に分けられていないため、適宜内容に則して段落に分けることとしたい。また、以下の引用または参照箇所に付した①から③までの番号は、上述の3種のテキストのいずれかを示している。

まず、冒頭では、執筆の経緯、調査の同行者が記される。秋から冬の飛砂による「もつともみじめな地方の一つである」東石地方の海岸平野で、いろいろと考えさせられたことの一つ二つを書いてみる、と述べられる②。さらに同行者として、教員である井芹ならびに江頭、台南州衛生課の裏、東石郡警察の森崎といった人物とともに、東石郡警察課長永田の車でこの地を回ったことが記される①。なお②③のテキストにはこの同行者についての記述はない。

次に、東石地方の概況・歴史が述べられる。主として、この地方開発の歴史は2世紀を遡ることが述べられるが、しかしながら、「この地方も開化された所は極く部分的であつて…最もひどい地方である。この地方の民衆は…陋屋に住ひ、水質の悪い水を飲み、様々の民間俗信に埋まつて生きてきたのである」とされる①②。なお③ではこうした未開性を示す言葉は慎重に避けられている。

続いて、義愛公について述べられる。まず「彼らの精神生活を支配する者は低級な宗教である。職業によつて信奉する神が異るが、霊験があるときけばもとより如何なる神でも礼拝する。その様々な神の中にあつて、我々を驚かすに足るものが一つある。…副瀬といふ部落の富安宮といふみすぼらしい廟に安置されてゐる神像の主である。土地の人はこれを義愛公といつて礼拝してゐる…」と述べられ、引き続き、『警察協会雑誌』に拠りつつ、森川の神として祀られるに至るまでの経緯が紹介される。最後に、「この森川氏が騒がれるに至つた動機から考へるに、義愛公が神として崇敬されてゐる事は、たゞに義愛公の徳に対する追慕感謝の誠心からきたものではなく、もつと現実的な精神から主としてきたのではなからうかと思つてみた」と感想が記される①②。これは美化された森川像に対する疑義の表明であろう。なお③ではこの箇所の記述が大きく異なっている。これについては後述したい。

続いて、童乩について述べられる。まず義愛公の神像を奉戴して行われる病魔退散の祈祷が童乩を介して行われることが指摘される。そして童乩とは、「自己に御得意の色々の神明をもつてゐて、その仕事の多くは、それらの神明の指示に従ひ行ふと称する病気退散の法術を行ふ事」とされ①②、義愛公もこの童乩に利用されていた、と述べられる。さらに、「かれら〔台湾の農漁村民〕は現実の苦悩から免れたいために色々の神明を拝む。神明の性質などどうあつてもかまわないのである。現実の病苦から免れるために絶対なりと思ふ神明と人の世との連絡をとつてくれるといふ童乩を妄信するのである。その童乩がまた極めて巧みな欺瞞方法をもつインチキ性のものであるにしても、民衆はそれを疑ひえず、また疑はうともせず、従つて信者は非常に多い」とされる①②。さらに、検挙の際の調査によれば、童乩ならびにその通訳の「教養は極めて低い」とされる①②。なお、①②で「迷信」とされる童乩は、③では「俗信」と言い換えられ、また童乩の「インチキ性」や民衆の「妄信」に関する記述は、③では一切削除されている。

続いて、童乩盛行の理由について考察が行われる。それは主として、台湾に移住する際の海上の不安、移住後の風土病・伝染病の危険、医療機関の欠如等があったからだとされ、そのために「現世安穏、病魔退散、治療祈願のための宗教生活が彼らの精神生活の大部分を占めるに至つた」と説明される①②③。また、「彼らの極めて貧しい土に緊縛された生活、その生活も決して上向線を辿り得ない生活、もとより未来への展望をもちえない生活、等も亦迷信性宗教を育くむ温床であつた」ともされる①②。

続いて、近年の生活環境の変化について述べられる。物質的生活の向上は容易でないとしつつも、生活環境を明るくする事には希望がもてる、と述べられる。具体的には、灌漑の改善、防砂林の増加、治療所の増加、交通の発達が挙げられる①②③。さらに、「州衛生局の指導」によって、各民家に窓をつけることが流行していること、風呂と便所を作る運動が成功しようとしつつあること、また国語講習所が増加していること、部落振興会の建設が進んでいることも挙げられ、「少しづゝは明るくなりつゝあるし、それは同時に彼らの心の生活の上にも影響をもつに至ると思ふ」とされる①②。なお③では「州衛生局」以下の記述がすべて削除されている。

最後に、結論として、前段の「希望」の表明にもかかわらず、「結局農民の生活の基礎となる経済的方面を思ふ時私自身はあまり明るくなりえないのである。…かくてインチキ性宗教を農村からもち去る事は出きないと思ふ」と悲観的な見通しが述べられる。そして、「もとより農漁村民の精神的方面をいふためにはその基礎となる社会的経済的方面をもつとしつかり掘り下げてみねばならないと思つてゐる」と結ばれるのである。この結論部分は、前段で「州衛生局」や「当局」への一定の配慮を示していたのに反して、京大時代マルクスに傾倒したという國分が、農漁村の「社会的経済的方面」を注視し、精神的な教化を全面に出す「当局」に対して、婉曲に異を唱えたものと読むこともできよう。なお③では、この結論部分が大きく異なっており、これについても後述したい。

以上、國分の「義愛公と童乩と地方民」について簡単に見た。これらの内容をふまえた上で、まず指摘すべきは、國分の義愛公信仰に対する冷静な視点である。すなわち、國分は東石地方の歴史や自然環境、人々の生活と民間信仰のあり方をふまえた上で、義愛公信仰が「義愛公の徳」に由来するというよりも、むしろこの地方の厳しい自然環境や貧困、医療機関の欠如等によって生じた人々の「現実的な精神」に由来することを述べるのである。それはいわば藁にでもすがろうとするこの地方の人々の苦しい現実の表れということだろう。『明治の呉鳳』が多分に美化された義愛公森川像を提示したのとは異なり、國分が提示した義愛公像はむしろこの地方の貧しさゆえの「迷信」の対象としてであった。

次に指摘すべきは、とはいえ國分も決して当時の政治的状況から自由だったわけではない、ということである。そもそも國分のこの一文が基づいた調査は、前述の通り、東石郡警察の童乩検挙に際しての調査の一環であり、しかも國分は台南州衛生課による童乩の調査記録の作成にも参加していた。おそらく、こうした関係があったからであろう、國分の童乩に対する見方は手厳しいものであった。それは童乩を明確に「迷信」「インチキ」として否定するものだったのである。これは、当時、台湾の在来宗教を否定し、皇民化政策を推し進めようとした植民地政府の方針と軌を一にするものであった。

戦後に書かれたテキストで童乩を否定する表現や部落振興運動の成果を述べた記述が逐一削除されたのは、國分自身、皇民化政策に加担してしまったことへの後悔や反省があってのことだったのであろう。

したがって、最後に指摘すべきは、國分の義愛公像も上述の政治的状況と無縁ではありえなかった、ということである。すなわち、上述の通り、國分が当時の情勢下で童乩を否定せざるをえなかったのであれば、童乩と一体であった義愛公信仰もまた否定せざるをえなかったはずである。國分が義愛公に対して冷めた見方をしたのは、この点からいえば、当然のことであった。ましてや時代は、童乩の否定にとどまらず、皇民化政策の進展とともにいわゆる寺廟整理が進められ、台湾の在来宗教そのものを否定する方向へと進みつつあった。いかに日本人の神とはいえ、義愛公信仰が台湾の在来宗教に基づくものであった以上、「整理」の対象となりえたのである。

この点を物語るかのように、國分が戦後に改稿したテキストでは、彼の義愛公像は肯定的な方向へと大きく変化していた。すなわち、戦前のテキストに見えた「ただに義愛公の徳に対する追慕感謝の誠心からきたものではなく…」といった義愛公に対する懐疑的な見方はすべて削られ、その代わりに「日本時代は約半世紀にわたっている。その間、大きく深い足跡をのこしたと思われる日本人は必ずしも少なくはないが、森川氏はこの地方の人々にとって、永久に忘れられない人となった」と森川への賛辞が述べられたのである。さらに、全体の結論部分においても、戦前のテキストでは「社会的経済的方面」を掘り下げるべきことを説いていた結論が、以下の通り、森川の賛辞へと置き換えられたのだった。

> 今日まで森川巡査は童乩を通して、部落民の中に生きてきたが、環境が改善され、自然が生産性を高めうるようになり、童乩の俗信がうすれる日がきても、森川巡査は義愛公として地方民の心に生きていくことであろうと思う。
>
> 私が富安宮で義愛公を神座からはこび出して陽の光の中で、しげしげと見ていた時に、黒山のように集まって、義愛公に注いでいた人々の眼を見て、私はそのように思ったのである。

むすびにかえて――國分直一と『民俗台湾』の運動

以上、義愛公像をめぐって、志村秋翠『明治の呉鳳』と國分直一「義愛公と童乩と地方民」のそれぞれを見てきた。そこで見出した点をまとめるならば、以下の通りである。

まず、志村秋翠『明治の呉鳳』では、少なからぬ創作が行われ、森川の死が劇的に演出された。それは「殉職殉国の大精神」を養うという目的からなされただけでなく、警察を美化することで、当時進められていた部落振興運動等に寄与するという目的があったからであろう。また著者・志村秋翠は、本来児童中心主義的視点を有していたが、彼の活動の舞台であった『童話研究』が日中戦争勃発とともに戦争協力体制を打ち出していくのに歩を合わせて、彼自身も国家主義的な視点を強めていった。『明治の呉鳳』にはこうした彼の視点が反映されていた。

一方、國分直一「義愛公と童乩と地方民」では、國分は学者らしい冷静な視点から、義愛公信仰がこの地方の厳しい自然環境や貧困、医療機関の欠如等に由来するものであることを指摘した。とはいえ、警察の調査に協力した國分の童乩に対する見方は手厳しいもので、國分が義愛公信仰に対して冷めた見方をしたのも、台湾の在来宗教を否定する当時の政治的状況と無縁ではなかった。國分が戦後に改稿したテキストの義愛公像が肯定的な方向へと大きく変化していたことは、このことを物語っていよう。

総じて、志村が義愛公を神に祀られた偉人として顕彰したのに対し、國分は童乩信仰と一体化した義愛公を「迷信」の対象として退ける、という正反対の見方がそれぞれ示されたのであった。しかし、その両者のいずれもが、当時の政治的状況と無縁ではなかった。つまり、いずれの義愛公像にも、当時の政治的状況を背景として、誇張や脚色、甚だしくは創作が加えられていたのである。したがって、いずれの義愛公像もそれが実像であるとはみなし難い。言い換えるならば、義愛公の実像は、日本人が台湾人のために自らの身を犠牲にし、死後、台湾人から神として崇められた、という美談の対象でもなければ、日本人が台湾人の迷信によって、インチキ宗教の神に祭り上げられた、という奇談の対象でもなかった、ということである。

最後に補足しておきたいのは、國分についてのいま少し踏み込んだ検討である。口演童話として劇的に演出された志村の義愛公像と、政治的な圧力を受けつつも、学者の手によって冷静に描き出された國分の義愛公像とは、やはり同列には論じられまい。國分の義愛公像にはさらなる検討を加える余地がある。それというのも、先述の通り、國分はこののち金関丈夫等が創刊した『民俗台湾』の運動に参加するが、戦時下に台湾民俗の蒐集・記録を目指したこの運動をめぐっては、90年代以降、批判的検討が加えられるようになり、國分の義愛公像を考える上でも、この議論は参照に値するからである[42]。

『民俗台湾』に寄せられた批判とは、主として、この雑誌の植民地主義的な性格に対するものであった。すなわち、金関丈夫によって書かれた「『民俗台湾』発刊に際して」によれば、この雑誌の趣旨は、「台湾本島人の皇民化は是非とも促進せしめなければならない。…本島旧来の陋習弊風が速かに打破せられて、島民が近代文化の恩恵をより多く享受することの出来るやうになることは甚だ歓迎すべきことである…。現在わが国民が南方に国力を伸展しやうと言ふに当つては、その舞台の南支たると南洋たるとを問はず、最も提携の機会と必要性の多いものは支那民族である。彼等を理解し悉知する上に、台湾本島人を予め知ると言ふことは最も必要…。われわれは台湾旧慣の湮滅を惜しむのではない。しかし、これを記録し研究することが、われわれにとつての義務であり、且つ、単に現下の情勢のみを考へても、甚だ急務である」云々ということであったが、『民俗台湾』の運動に参加した台湾人学者の楊雲萍が批判した通り、これはまさしく植民地主義的な、「冷たく高飛車な態度」であった[43]。

もっとも、この趣意書を額面通りに受け取ることはできない。1941年という皇民化が強く叫ばれていたなか、台湾人アイデンティティーを刺激しかねない『民俗台湾』を創刊するためには、当局向けに相応の説明が必要で

---

42 川村湊『「大東亜民俗学」の虚実』(講談社、1996年)、第3章「「民俗台湾」の人々」、小熊英二「金関丈夫と『民俗台湾』——民俗調査と優生政策」(篠原徹編『近代日本の他者像と自画像』柏書房、2001年、のち小熊英二『アウトテイクス——小熊英二論文集』慶應義塾大学出版会、2015年)。また台湾では、陳艶紅『『民俗台湾』と日本人』(致良出版社、2006年)、張修慎「再論雑誌『民俗台湾』与柳宗悦——「民俗」与「民芸」之間」(『台湾史学雑誌』20号、2016年)等の研究がある。

43 以上、「本誌発刊の趣意書を繞る論争の始末(上)」(『民俗台湾』1巻2号、1941年)。

あっただろうからである。この点に関して、楊からの批判を受けた金関は弁明を行い、「台湾の民衆を愛し、その民俗を理解せんとする熱意に至つては、われわれは決して人後に落ちない」、ただ趣意書では、「惟ふ所あつて、台湾民俗研究の責務と実用性とを強調するのみにとどめ」た、と述べている。90年代以降、『民俗台湾』に寄せられた批判に対しては、國分自身も弁明を行っており、「「民俗台湾」の創刊は、太平洋戦争に突入する前夜の時期で、台湾総督府の皇民化運動がヒステリックに進められていた頃であった。従って台系社会の民俗研究をとり上げる運動においては、政治的抵触を避けなくてはならなかったことから、率直に、その意義を述べるわけにはいかなかった」と述べている。さらに、「思へば当時荒れ狂う時勢の中で、先生方の苦心を若かつた僕は冷静に受け取れなかつたところがあつたと思う。『民俗台湾』の創刊は、真の日本人の良心であり、勇気であつた」という戦後の楊雲萍による述懐を紹介している[44]。

当時、『民俗台湾』に対しては検閲が行われ、官製メディアは『民俗台湾』の運動が一部の日本人と台湾人が結託しての反戦運動に発展しかねないことを危険視していた[45]。こうしたなかで『民俗台湾』を発刊していくことは、確かに容易なことではなかったであろう。では一体、こうまでして同誌を発刊した真の目的は何であったのか。これについて、同誌発刊の発起人で中心的な編集者であった池田敏雄は、戦後、それが皇民化運動への反感と台湾民俗への愛情に発するものだったと語っている[46]。國分はこれについて、まずは「ヒステリカルにまですすめられつつあった皇民化運動の息づまるような空気の中にあって、伝統ある文化に誇りを持っていた台系のインテリたちが、「民俗台湾」の運動に協力することにより、あるいは発言することにより、自らのアイデンティティーを確かめておこうとする思いが秘められていたのではなかろうか」と台湾人の思いを推し量っている。その一方で、日本

44　以上、國分直一「『民俗台湾』の運動はなんであったか」(『月刊しにか』8巻2号、1997年、のち前掲安溪遊地・平川敬治編『遠い空——國分直一、人と学問』) 208頁。

45　池田敏雄「植民地下台湾の民俗雑誌」(台湾近現代史研究会編『台湾近現代史研究』4号、1982年) 134–145頁、塩見薫「台湾における民俗研究について (二)」(『台湾日日新報』1941年8月17日)。

46　同上池田敏雄「植民地下台湾の民俗雑誌」122頁、池田鳳姿「『民俗台湾』創刊の背景」(『沖縄文化研究』16号、1990年) 24頁。

人である自らについては次のように述べていた[47]。

> 筆者などは顧みるに、多民族、多種族の社会に生活しながら、他系の人々の生活と習俗を確かめ、尊重し、記録しておくことを通して、ちょっと大げさな言い方になるが、人類史の研究の一部にささやかな書き込みをしておこうというような気持であったというのが、偽らない気持であった。

たしかに当時の國分によって書かれたものを読むと、禁欲的に記録することに徹していたという感がある。それはおそらく國分が幼少期から過ごした台湾の民俗への愛着や敬意があってのことであろう[48]。また一方で、「社会的な研究」などできない閉塞的な時代状況の中で、それは精神の空白を埋めるよすがでもあったのだろう[49]。大学時代、「事象を歴史的、社会的関連においてとらえることを説いたK・マルクスの方法に強く心うごかされた」という國分は[50]、「社会革命しかない」と思い詰めるに至るが、「心配と臆病」ゆえに革命に身を投じることはなく、その後は「獄中で死んでいった友人たちのことが、いつもいつもコンプレックス」に感じられ、「本当に安心して自分の研究に打ち込めるようになったのは、敗戦の後」であったという[51]。

もっとも、こうした複雑な思いが交錯するなかで書かれた國分の著作が、本当に「記録」だけであったのかどうかには疑いを容れる余地がある。例えば、國分が『民俗台湾』の創刊号から第3号まで連載した「童乩の研究」という一文は、これもまた東石郡警察の童乩調査に基づくものであった[52]。さらに言えば、その多くは台南州警務部衛生課による調査記録のダイジェストであった。先述の通り、國分はこの調査記録の整理を任されていたというか

47 以上、國分直一「二誌回想——「民俗台湾」と「えとのす」の運動」(熊本大学文学部考古学研究室編『蒼海を駆る——國分直一先生の軌跡』熊本大学文学部考古学研究室、1996年、のち前掲安溪遊地・平川敬治編『遠い空——國分直一、人と学問』)191頁。

48 國分直一「異文化にふれる——少年時代のことなど」(前掲安溪遊地・平川敬治編『遠い空——國分直一、人と学問』)230–231頁。

49 國分直一「棉の木のある学校——京都を経て再び台湾へ」(前掲安溪遊地・平川敬治編『遠い空——國分直一、人と学問』)235–236頁。

50 國分直一「「同人回覧雑誌」回想記」(前掲安溪遊地・平川敬治編『遠い空——國分直一、人と学問』)217–218頁。

51 前掲國分直一「異文化にふれる——少年時代のことなど」229–230頁。

52 前掲國分直一「童乩の研究(上、中、下)」(『民俗台湾』1巻1–3号、1941年)。

ら、彼がこの調査記録を利用することに不思議はない。逆に言えば、自らの署名論文で全面的に利用できるほど、その調査記録の作成に関わっていたということだろう。しかし、警察の手になるその調査記録は、当然のことながら、「陋習打破、改過遷善」を進めるための指針を示すものであって、それはまさしく政治的なキャンペーンの一環であった。例えば、同書の序には以下のように述べられている[53]。

> 凡そ国家社会に於て最も恐るべきものは迷信に若くはなし。…本島に在りては古来より迷信深く雷同性に富む南部支那より移住せし後裔にして種々の迷信者ありと雖も、就中童乩信者を以て最とす。我台南州に於て昨昭和十年十二月より有害無益の迷信…即ち其陋習を打破し、改過遷善の実効を期すべく官民挙つて奮闘努力多大なる効果を挙げつつあり。…全島に亘る是等信者に対し、漸次陋習を打破し、改過の実効を期せんには相当歳月を要すべきも、本書を指針として討究し、其任に在ると否とに拘らず、官民一致努力善導せんには必ずや其成功期して待つべし。

「童乩の研究」では、調査記録のように露骨な政策的観点は示されず、童乩の由来や祈祷方法についての要約紹介が中心である。しかし最後は、「今や特筆されねばならぬことは、迷信性宗教の基礎が急激に改変されつつあること」として、「州衛生当局の指導」の下、「従来の童乩的暗鬱な世界」が「明るく」なりつつある、とされ、「童乩の如き迷信から速やかに解放されねばならない」と結ばれている。これは単なる記録とは言いがたいものである。なお、この一文も戦中に刊行された『壺を祀る村』に収録されたが、戦後再刊された『壺を祀る村』では、この一文は「台湾のシャマニズム——とくに童乩の落獄探宮をめぐって」という文章に置き換えられ、もともとの「童乩の研究」の内容はほぼ削除されている。國分は何も述べていないが、これはおそらく台湾の在来宗教弾圧のための調査記録に全面的に依拠した文章を戦後そのまま公表することが憚られてのことだったのだろう。

総じて、皇民化運動に抗い、台湾民衆に寄り添おうとした『民俗台湾』の運動は、当時における最も良心的な運動であっただろう。しかし、当然そ

53　前掲末署名『童乩』序。

こには限界もあり、当時の緊迫した時局に抗えないところもあったはずである。國分は90年代以降に受けた批判に対し、すでに多くが故人となった同人たちの名誉を守るために躍起になったためか、その運動を「貫いた科学精神」、「日本人の良心」と高らかに謳い上げた[54]。しかし、はたしてその言葉通りに受け取ってよいものかどうか、本稿での考察から、疑問なしとしない。すなわち、國分が義愛公を論じる際に、「科学精神」と学問的な「良心」を最後まで貫くことができたのかどうか、ということについて、やはり、懐疑的にならざるをえないのである。

54 前掲國分直一「二誌回想——「民俗台湾」と「えとのす」の運動」195–197頁。

中華民国の“戦後”構想

——「台湾化」の序章としてのアプリオリ——

加治宏基

序論——問題意識の所在

1941年12月、ヨーロッパ戦線とアジア戦線が真珠湾攻撃によってつながり、第二次世界大戦へと拡大した。そのさなかで連合国は、戦後世界をめぐる二枚の青写真を描きだした。一枚が戦後処理、すなわち戦争犯罪の断罪であり、もう一枚が戦後の国際平和機構の設立である。これら戦後構想はパラレルに審議され、終戦とともに具現化する。

1941年10月、米英二大国の指導者による声明に応じて[1]、ソ連や中華民国（以下、特に解説の必要がない限り中国または国府と表記）など連合国は、ドイツや日本が行う組織的残虐行為を“合法的に”断罪すべく、戦争犯罪の法的定義を拡大する協議に着手した。このうごきに併行するかたちで、大西洋憲章に賛同した連合国26カ国は、翌1942年１月に連合国宣言に署名した。同前文は、「これら政府の敵国に対する完全な勝利が、生命、自由、独立及び信教の自由を擁護するため、並びに自国の国土において及び他国の国土において人類の権利と正義を保持するために必要不可欠である」と謳っている[2]。これらの点からも、連合国が現下に展開する第二次世界大戦をまさしく

1　チャーチル声明では「これらの犯罪の懲罰は今や主要な戦争目的の一つに数えられるべきである」と宣言した。「関与列席欧州九占領国懲治徳人暴行宣言簽字会議之報告与建議」（1942年１月）国民政府外交部檔案「懲処徳国日本戦犯問題」檔案号：020/010117/0055/0030-0036、国史館所蔵。林博史編集・解説『連合国対日戦争犯罪政策資料 連合国戦争犯罪委員会』第1–8巻、現代史料出版、2008年、ⅰ頁。

2　正式名称は連合国共同宣言。United Nations Dept. of Public Information, *Yearbook of the United*

“正戦”と措定していたといえよう。

第二次世界大戦の終戦時点に立てば、一枚目の青写真は、連合国が自らのあらゆる戦闘行為に法的正当性を付与する手続きであり、過去に対する自己正当化であった。そして二枚目の青写真は、連合国が国連安保理という戦後国際レジームの中枢に坐す権限を獲得することを目的とした、未来に対する自己正当化に他ならない。

中国は1943年に発足した連合国戦争犯罪委員会（UNWCC）に参画することで、過去に対する自己正当化に携わった。同国は英米などとともに戦後処理方針を策定する当事者であり、日本軍による戦争犯罪を断罪すべく重慶に極東太平洋小委員会（Far Eastern and Pacific Sub-Commission：以下、極東小委員会と表記）を付設誘致することにも成功した。しかもそこでは、特に日本の指導者層に対する厳罰化を強く主張するなど積極的役割を果たしている[3]。しかしUNWCCの議論を俯瞰すると、中国のそうしたイニシアティブは影を潜め、同国の主張が共有されることはなかった。中国には戦争犯罪被害国であり被侵略国たる特殊性があり[4]、その主張は他の連合国の「中心」とは相容れぬ特異性を有していた。

それとは対照的に、連合国による未来に対する自己正当化の過程で、中国は連合国の「中心」に足場を築き戦後国際レジームでの安保理常任理事国というポストを手中に収める。その転機が1944年のダンバートン・オークス会議であった。無論、西村成雄[5]らが指摘するように、連合国のなかで中国が一定のプレゼンスを確立するには米国のサポートが不可欠だった。ここに、強靭さと脆弱さを合わせ持った中国の政治基盤が見て取れる。

中国にとって1940年代の前半は、文字通り“戦後”構想の揺籃期であった。国内に視点を転じれば、国府が描く構想は、第二次世界大戦の先に控える国共内戦に勝利するとの仮説のなかでのアプリオリであったことは、歴史の自明である。しかしながら、「台湾化」に終わるこのアプリオリを生成

Nations 1946–47, New York: 1947, p. 1.

3　例えば、UNWCC Minutes of 35th Meeting (10 Oct. 1944), pp. 1, 10.

4　和田英穂「被侵略国による対日戦争犯罪裁判——国民政府が行った戦犯裁判の特徴」『中国研究月報』第645号、中国研究所、2001年、17–331頁。藍適齊「戰犯的審判」『中国抗日戦争史新編 第六編 戦後中国』国史館、2015年、210–247頁。

5　西村成雄編『中国外交と国連の成立』法律文化社、2004年。

した国際環境として連合国のデュアルな自己正当化があったことと、その現実政治のなかで中国がいかなる“戦後”構想を主張したかを関連づけた考察は、これまでなされてこなかった。本稿は、UNWCC、殊に極東小委員会と、国連創設過程の連合国会議、なかでもダンバートン・オークス会議という2つの協議アリーナでの中国の主張を精査することで、国府の“戦後”構想の一端を明らかにする。

I 連合国戦争犯罪委員会での模索 ——過去に対する自己正当化のアリーナ

UNWCCでの議論の前提とされたのは、近代国際社会における戦争犯罪をめぐる法的定義であり、それは1899年と1907年に開かれたハーグ平和会議のハーグ陸戦条約を端緒とする。同条約は交戦者を規定し、それが負う義務(俘虜への人道的給養など)や害敵手段における禁止事項(防守されていない都市、集落、建物への攻撃など)を協定したが、第一次世界大戦では違反行為が繰り返された。

そこでパリ講和会議では、米国務長官ロバート・ランシングを委員長とする「戦争開始責任及び刑罰執行委員会」が中央同盟国首脳による「国際道義及び条約の尊厳に対する重大な犯罪」を訴追しようと検討するも、米国、英国、フランス、日本などが軒並み反対したため、国際戦犯法廷は実現しなかった。ただヴェルサイユ条約以降も、「戦争放棄に関する条約」(不戦条約またはケロッグ＝ブリアン条約)など国際法によって、戦争という手段に訴えること自体を違法とする「戦争の違法化」が進められた。

こうした努力にもかかわらず、第二次世界大戦のさなか、連合国は従来の戦時国際法では対応しきれぬ戦争形態や戦争犯罪に直面した。つまり、当時の国際法は個々の戦争犯罪事案について命令者と実行者を裁くことを想定したもので、広範かつ無差別の大量殺戮を含む国家レベルの残虐行為に対する法的効力は無きに等しかった。1941年10月に米英二大国の指導者が同時に出したそれぞれの声明は、組織的な残虐行為を“合法的に”断罪することを共通目標に掲げた。これに呼応して、ドイツに本国を追われた亡命政府を含む連合国の17カ国・地域の外交代表団が、1943年10月にロンドンに集結し、

UNWCCを設立することを議決した。

3度の非公式会合を経て、UNWCCは1944年初めに「戦争犯罪を扱う、連合国を代表する唯一の機関」として正式に発足した[6]。これを機に、連合国諸国で犯された残虐行為の実態解明や特定といった調査手続きだけでなく、被害国政府への結果通知、容疑者の法廷移管後における法的勧告など実質的な処罰手続きをも管轄範囲に組み込むべきとの意識が、同委員会で共有されていく。以後1948年3月の解散までに、UNWCCは130回あまり議論を重ね、実際に取り扱った戦争犯罪事案は3万7,000件に上る。

その後の戦争犯罪に関する国際法体系の整備、制度設計において同委員会が発揮した機能的意義をめぐっては、評価が分かれる。設立当初に主導的役割を期待された英国が、同委員会の機能拡充に抵抗／消極的姿勢を採ったほか、英国と対立していたソ連も参画することはなかった。連合国の戦後処理過程を総括したとき、これら阻害要因によって同委員会が機能を十分に発揮できなかったとの指摘も少なくない[7]。

UNWCCについて包括的な検証を進めた林博史が指摘するように、そもそも同委員会の歴史的意義を検討した研究は稀有である[8]。そのなかでも清水正義は、「人道に対する罪」と共同謀議論を関連づけた議論を提起するなど、同委員会の役割に「本格的に光をあてようとしており」、相対的意義を見出した[9]。これら先行研究により、枢軸国が行う残虐行為の断罪にむけた同委員会の設立背景や組織概要、その設立構想を主導的に描いた英米二大国の政策とのちに乖離した実態が明らかにされつつある。

---

6 UNWCC議長セシル・ハースト（英国代表）が第5回会議で行った前回議事内容の確認における発言による。UNWCC Minutes of The 5th Meeting (18 Jan. 1944), p. 3、林博史『戦犯裁判の研究――戦犯裁判政策の形成から東京裁判・BC級裁判まで』勉誠出版、2010年、63頁。

7 例えば、日暮吉延『東京裁判の国際関係』木鐸社、2002年。

8 林博史「連合国戦争犯罪政策の形成――連合国戦争犯罪委員会と英米（上）」関東学院大学経済学部総合学術論叢『自然・人間・社会』第36号、2004年、1-42頁。以下書籍のなかでも同様の指摘がなされている。林博史『戦犯裁判の研究――戦犯裁判政策の形成から東京裁判・BC級裁判まで』前掲。

これまでに挙げた先行研究のほか、大沼保昭『戦争責任論序説』東京大学出版会、1975年、Arieh J. Kochavi, *Prelude to Nuremberg: Allied War Crimes Policy and the Question of Punishment*, The University of North Carolina Press, 1998など。

9 清水正義「先駆的だが不発に終わった連合国戦争犯罪委員会の活動 1944年――ナチ犯罪処罰の方法をめぐって」『東京女学館短期大学紀要』第20輯、1998年。

ここ20年ほどの動向は、UNWCCが連合国により施行された戦犯法廷に残した功績と意義について再評価を促すものである。かつて大沼保昭は、同委員会が人道に対する罪に関する法的概念を深化させたと指摘した[10]。人道に対する罪は2003年に設立した国際刑事裁判所の主たる管轄領域でもあって、同委員会が果たした役割と問題提起はグローバル化が進む今日、いっそう重要度を増したといえよう。

清水正義や林博史はまた、UNWCCの活動意義について、侵略戦争を戦争犯罪とする「平和に対する罪」をめぐる法整備にあったとも再評価する[11]。実際に、ニュルンベルク裁判ではナチスによるユダヤ人大量殺戮に対して平和に対する罪が適用され、1948年12月に第3回国連総会で採択された「ジェノサイド条約」（集団抹殺犯罪の防止及び処罰に関する条約）として結実した[12]。とはいえ、連合国による戦後処理、とりわけ戦犯裁判に関して「勝者の裁き」や「勝者による報復」との見方も根強く、研究者の間でも見解が分かれる大きな論点であり、同委員会に関する研究が限られる一因でもある。

II　極東太平洋小委員会での定礎
――過去、現在に対する自己正当化のアリーナ

この時期に中国国内では、それまで外交部が中心となって進めてきた日本による戦争犯罪の調査体制を強化している。1944年2月、行政院の指揮下で司法行政部、軍政部と外交部が連携し、敵人罪行調査委員会が重慶に設置された。司法行政部長の謝冠生と元外交部長の王正廷が常務委員に就任したのに加えて、内政部、外交部、軍政部、中央設計局などから11名の委員が選出され、王は主任委員を兼任した[13]。同委員会は、調査計画の作成、犯罪

10　大沼保昭『戦争責任論序説』前掲。

11　清水正義「先駆的だが不発に終わった連合国戦争犯罪委員会の活動 1944年――ナチ犯罪処罰の方法をめぐって」前掲。林博史「連合国戦争犯罪政策の形成――連合国戦争犯罪委員会と英米（上）」前掲。

12　国連総会決議260: A/RES/3/260

13　宋志勇「終戦前後における中国の対日政策――戦争犯罪裁判を中心に」『史苑』第54巻1号、立教大学史学会、1993年、70頁。胡菊蓉『中外軍事法廷審判日本戦犯――関於南京大屠殺』南開大学出版社、1988年、111頁。

証拠の収集、審査、登録および統計作業といった戦犯リストの作成を担った。実質的な調査は「敵人罪行調査弁法（修正案）」（1945年9月14日公布・施行）に準拠し、主管機関である司法行政部が県政府とともに地方法院検察署や県司法処を指定し、被害関係者からの告発を受けヒアリングに基づき犯罪調査表の作成にあたった。

日本による戦争犯罪に関する一連の調査強化は、国際的動向と連動したものであった。1944年5月、ロンドンのUNWCCでは情報が得にくい日本の戦争犯罪事案を主として扱う機関として、中国政府の主導により重慶に極東小委員会が付設され、同年11月29日に初審議が行われた。構成国は日本と敵対関係にある以下11カ国である。オーストラリア、ベルギー、中国、チェコスロバキア、フランス、インド、ルクセンブルグ（出席実績なし）、オランダ、英国、米国、後に加盟したポーランド。初代議長には中国国防最高委員会秘書長の王寵恵が選出され、1946年6月に2代目議長として中国外交部常務次長の劉鍇が後任となり、極東小委員会の黎明期を支えた。以後は英国駐華大使のホレス・シーモアほかベルギー大使のジャックス・デルヴォー・デ・フェンフェが歴任した。

UNWCCは当初、戦争犯罪に領域的制限はないとの認識に立っており、アジア太平洋地域における主要戦犯であっても極東小委員会ではなく上部機関である同委員会が取り扱った。しかし、1947年3月に同小委員会が活動を終えるまでの約3年間に計38回の会議を重ねるなかで、関係諸国は日本を中心とした戦争犯罪の容疑者引き渡しまでの体系的な協力体制を整備していくこととなる。委員国から同小委員会秘書処に提出された戦犯事案資料（日本の戦犯事案は3,158件）に基づき、証拠委員会が検証を行い認可した事案を秘書処が戦犯リストとしてまとめる。

最終的に、極東小委員会は設置期間中に合計26の戦犯リストを作成し、3,147人を戦犯として指名した。戦犯リストのうち中国による指名は2,523人を占め、UNWCCでは対象外とされた真珠湾攻撃以前の中国における犯罪行為も、極東小委員会で議論の俎上に載せられた[14]。さらに国府は、2回にわたり極東国際軍事裁判所に33人の重要戦犯リストを提出しているが、こ

14 Minutes of 2nd Meeting of the Far Eastern and Pacific Sub-Commission of the UNWCC (5 Jan. 1945), pp. 1–2.

のなかの12人は蔣介石が指名したものと指摘される[15]。これらは一連の外交成果として国内でも高い評価を受けた。

中国国内でこの任務を所管したのは敵人罪行調査委員会であった。司法行政部でとりまとめられた訴状事案は、国防部の検証を経て外交部により英訳されるという国内手順を踏み、UNWCC事務局長を経由して極東小委員会に移管される。同小委員会の遂行する実務規定は、UNWCCにおける人道に対する罪に関する法概念の発展[16]とパラレルに確定されており、それはニュルンベルグや東京で連合国が開廷した国際戦犯裁判の骨子ともなった[17]。

財政面においても中国は、分相応以上の負担を積極的に負った。極東小委員会の年次ごとの支出額は年を追うごとに膨張していき、初年度の1943年10月–1944年３月は730ポンド（半年）、1944年４月–1945年３月で4,238ポンド（以下、１年）、1945年４月–1946年３月は12,452ポンド、1946年４月–1947年３月は15,137ポンド、そして1947年４月–1948年３月には15,388ポンドに上った。これに対して400ポンド分を委員国の分担金で賄うこととされていた。分担額は以下のとおり（単位：ポンド）。中国は最多額の100、オーストラリア30、ベルギー20、カナダ60、チェコスロバキア20、デンマーク６、フランス80、ギリシア10、インド80、ルクセンブルグ１、オランダ30、ニュージーランド６[18]。

こうした積極姿勢には、戦後処理をめぐる各国の思惑が色濃く反映されていた。委員国はおしなべて敵国の犯罪に対して厳罰化を求めており[19]、中国

15 中国国民党中央委員会党史委員会編印『中華民国重要史料初編――対日抗戦時期』第二編 作戦経過（四）、1981年、417頁、宋志勇、前掲、72頁。

16 The UNWCC, *The History of the United Nations War Crimes Commission*, London: His Majesty's Stationary Office, 1948.

17 林博史「連合国戦争犯罪政策の形成――連合国戦争犯罪委員会と英米（上）」前掲。林博史「連合国戦争犯罪政策の形成――連合国戦争犯罪委員会と英米（下）」関東学院大学経済学部総合学術論叢『自然・人間・社会』第37号、2004年、51–77頁。

18 The UNWCC, *op. cit.*, pp. 133–134.

19 The UNWCC, *Punishment for War Crimes: The Inter-Allied Declaration Signed at St. James's Palace*, London: His Majesty's Stationary Office, January 1942, FRUS, 851.00/2618: Telegram, The Ambassador to the Polish Government in Exile (Biddle) to the Secretary of State, London: January 14, 1942.

代表も足並みを揃えていたかに見受けられる。金問泗（Wunz King）[20]も、セントジェームス宣言にある対独戦犯処罰規定に賛同するとの中国政府の見解を述べている。その姿勢は同時期のモスクワ会談やカイロ会談などに関する立場表明からも看取できるとおり[21]、中国は一貫して、日本軍が中国で行った残虐行為にも等しくこれを適用するよう求めた[22]。

ただし、UNWCCでの再三にわたる主張を精査すれば、中国政府が厳罰化を求めた対象は、その多くが平和に対する罪に限定するもので、一部は人道に対する罪を含んでいた。金問泗は極東小委員会の第33回、35回会議にて「ドイツと日本による侵略戦争の張本人がしかるべく処罰されないなら、戦犯裁判の戦争抑止力は無力化され」「新たな戦争が起きたときに、残虐行為はより大規模かつ非道なやり方で繰り返されるだろう」からこそ、「ヒトラー同様にヒロヒトや東条のような人物を処罰せぬままにすべきでない」と強調した[23]。

さらに、中華民国側ならびに中華人民共和国側の両資料が共通して示す「以徳報怨」との戦後処理方針に加えて、中国による過去に対する自己正当化における大きな特徴が、漢奸への厳罰である[24]。そこに台湾出身および朝鮮出身の旧日本軍人320人あまり（死刑を受けたのは台湾人26人、朝鮮人23人）が含まれていたことは特筆すべきである[25]。冷徹に絞り込まれた厳罰対象からは、国府にとって“戦後”を迎えた暁に自らの手で再編する国民統一、ひいては国家統治にむけた要諦が、確認できよう。

---

20 金問泗は、関税専門家であり中国の外交官として1919年のパリ講和会議や1944年のブレトンウッズ会議など多くの国際会議に出席している。また後に彼はオランダ、ベルギー、ノルウェー、チェコスロバキアおよびルクセンブルグにて大使を歴任した。

21 中国国民党中央委員会党史委員会編印『中華民国重要史料初編——対日抗戦時期』第三編 戦時外交（三）、1981年、499頁。

22 「関与列席欧州九占領国懲治徳人暴行宣言簽字会議之報告与建議」（1942年1月）国民政府外交部檔案「懲処徳国日本戦犯問題」檔案号：020/010117/0055/0030-0032、国史館所蔵。

23 UNWCC Minutes of 33rd Meeting (26 Sep. 1944), p. 4, UNWCC Minutes of 35th Meeting (10 Oct. 1944), p. 1, 10.

24 「蔣介石致宋子文電」（1942年11月14日）、「蔣介石致呉国楨電」（1943年8月13日）民国政府外交部檔案「倫敦戦罪委員会成立及我国参加経過」檔案号：020/010117/0020/0075-0077、/0161-0162、国史館所蔵。

25 「蔣主席為日本投降対全国軍民及世界人士広播詞」（1945年8月）蔣中正総統簞案『革命文献 戡乱時期（処置日本）上 第52冊』国史館所蔵、56–59頁。伊香俊哉「中国国民政府の日本戦犯処罰方針の展開」（上）（下）『戦争責任研究』第32、33号、2001年。和田英穂、前掲など。

Ⅲ　ダンバートン・オークス会議での確立
――未来に対する自己正当化のアリーナ

UNWCC、特に極東小委員会が正式に発足したのと時期を同じくして、連合国による国連創設に向けたうごきも重要な局面を迎えている。1944年8月から2カ月にわたりワシントン郊外でダンバートン・オークス会議が開催され、国連システムの最高法規となる国連憲章の草案がまとめられた。この会議は、英国、米国、ソ連による第一段階と英国、米国、中国による第二段階に分かれて開催され、連合国の「中心」の間にあった温度差が、改めて露呈したことでも知られる。

戦後世界を見据えた米英は、政治判断としては当然のことながら中国よりもソ連を優先した。中国首席代表に任命された顧維鈞は、回顧録で「中国は（米英ソが合意した）既成事実を受け容れる他なく、第二段階も形式的なものに過ぎなかった」と恨み節を述べている[26]。厳しい制約を受けつつも、中国代表団は本国の蔣介石からの指示の下、“戦後”国際レジームの「中心」に足場を築く努力を惜しまなかった。顧維鈞をはじめ中国代表には、第一次世界大戦のパリ講和会議への出席経験者が含まれていた。彼らは戦勝国の一員として同会議に臨むも、山東半島の利権をめぐるパワーポリティクスを目の当たりにして、ヴェルサイユ条約への署名を断念した経験者である。国府としては、力でなく法に則った青写真を用意していた。

10月2日の第二次全体会議にて、国連システムの重点として7項目からなる提案（いわゆる「中国の提案」）を行った。そのうち第1項「正義と国際公法の諸原則に則った国際紛争の調停または解決」第5項「国際公法体系の整備・編纂」第7項「国際教育文化協力の促進に関する明確な規定」という3つの項目に同意した米英が、ソ連からも合意をとりつけた。最終日となる10月7日、4カ国代表はダンバートン・オークス提案をコミュニケとして発表した[27]。

26　中国社会科学院近代史研究所訳『顧維鈞回顧録』第五分冊、中華書局、1987年、405頁。

27　United Nations Dept. of Public Information, *op. cit.*, pp. 4–9.
清水奈名子・竹峰誠一郎・加治宏基「「戦後」再論――その多元性について」愛知大学現代中国学会編『中国21』Vol. 45、東方書店、2017年、3–34頁。

連合国の「中心」は、翌45年にサンフランシスコで開催された「国際機構創設のための連合国会議」[28]で足並みを揃える。晴れて国連安保理常任理事国の地位を獲得した中国も名を連らね、ダンバートン・オークスの地で合意された3項目を盛り込んだ「普遍的国際機構設立のための提案」を行った。参加国はこれを国連憲章の骨子として議決し、戦後国際レジームの法的支柱である国連憲章が完成した。憲章署名式典が開催された6月26日の朝、国名のアルファベット順で最初の署名国となった中国代表団も顧維鈞を筆頭に署名した。同国はここに国連創設国かつ原加盟国としての法的根拠を獲得した。

中華人民共和国の国連研究の第一人者である李鉄城は、当時の中国の国際的プレゼンスについて以下のように指摘する。「反ファシズム戦争および国連創設に対して多大なる貢献を果たした中国は、サンフランシスコ会議の提案国であり議長国の一つとなった。こうした功績によって国連の原加盟国に名を連ね、何よりのちに安保理常任理事国となった」[29]。

ただし、連合国の「中心」に坐すに至った時期については諸説ある。1942年1月、宋子文外交部長が「中国」政府を代表して「連合国宣言」草案に署名したことを評価し、「ここに中国政府は、「四強」の一角の地位を獲得した」とする朱坤泉の分析は[30]、当時の外交部の認識とも重なる[31]。この見解に

---

28 50カ国もの連合国代表団（282人の各国代表、1,500人あまりの専門家、1,000人以上の事務担当）が国連憲章を完成させるため一堂に会し、1945年4月から6月にかけてサンフランシスコで開催された。

29 李鉄城主編『連合国的歴程』北京語言学院出版社、1993年、80–88頁。

同様の主張は他の先行研究にも看取される。李鉄城『連合国50年 増訂本』中国書籍出版社、1996年、405–410頁。謝啓美・王杏芳主編『中国与連合国』世界知識出版社、1995年、8–26頁。王杏芳主編『連合国春秋』当代世界出版社、1998年、896–904頁。田進・孟嘉等著『中国在連合国』世界知識出版社、1999年、5–6頁。唐家璇主編『中国外交辞典』世界知識出版社、2000年、610頁など。

なお、サンフランシスコ会議において、中国共産党員の董必武が中国代表のひとりとして国連憲章に署名したことで、1971年に中華人民共和国が中国代表権を「回復」した権原となった。加治宏基「国連における「中国代表権」問題をめぐる国際環境と「中国」——国連創設過程およびアジア・アフリカ連帯運動展開過程を中心に」愛知大学修士論文、2003年。

30 朱坤泉「四強之旅与大国之夢」張圻福主編『中華民国外交史綱』人民日報出版社、1995年、378頁。

31 「外交部長宋子文電蒋委員長報告羅総統約商晤簽談関於元旦由美、英、俄、中四強先行於連合宣言」(1942年1月1日)、張群・黄少谷『蔣総統為自由正義輿和平而奮闘述略』蒋総統対中国及世界之貢献纂編編纂委員会、1968年、450頁。国史館『中華民国与連合国史料彙編 籌設

対して先に紹介した李鉄城は、連合国宣言という「書面上で」「四強の一つとして連合国諸国から承認された」に過ぎないと留保する[32]。さらには、国連創設過程の初期、中国政府による自己規定と実際の国際的地位は乖離しており、「四強の一角」という地位と権力を手中に収めたのは、どれだけ早く見積っても1943年11月のカイロ会議だったと考察する[33]。入江啓四郎も、それは同年10月30日のモスクワでの四カ国宣言を俟たねばならなかった、との見解を示した[34]。

上述のとおり時期をめぐる見解の相違はあれども、“戦後”構想過程において中国が連合国の「中心」に参入するのを可能ならしめたのは、中国代表団が求めた「大国化」政策を米国が後方支援（ときに前方支援）したからに他ならない[35]。他方で、中国以外の「中心」も戦後構想の実現にむけ独自の原動力を発揮した。最上敏樹の言を借りれば、戦後国際レジームに対して「相互依存ベネフィットあるいは客観的共通利益を発見し、創出し、正統化する場」となることのみならず、「自国国益の伸長」が適う場となることを期待した[36]。冷戦前夜にあって、国連創設は「「すべての国に共通ではない」共通利益」がまさに具現化した奇遇であった。

結論――「台湾化」の序章としてのアプリオリ

国連創設過程のなかで、中国は“戦後”国際レジームの「中心」という地位を確固たるものとしたが、その転機となったのはダンバートン・オークス

編』国史館、2001年、導論3–5頁。

32 李鉄城「中国的大国地位与対創建連合国做出的重大貢献」陳魯直・李鉄城主編『連合国与世界秩序』北京語言学院出版社、1993年、375–376頁。

黒岩亜維も、秦孝儀総編纂『総統蒋公大事長編初稿』巻五（上）、1978年の文中での1942年1月1日の項に「この（連合国：加治加筆）宣言は中米英ソ四国を中心とし、わが国が世界四強のひとつに列せられるのはこの時から始まった」とある点を指摘しており、「書面の上だけではあるが、四大国の仲間入りを果たした」との認識を示す。黒岩亜維「第二章 モスクワ外相会議と四国宣言」西村成雄編、前掲、47–48頁。

33 李鉄城主編、前掲、92–93頁。

34 入江啓四郎「國際政治における中國の地位」愛知大学国際問題研究所『国際政経事情』第18号、1954-II、1頁。

35 西村成雄編、前掲。

36 最上敏樹「第二章 国際機構創設の動因」『国際機構論』東京大学出版会、2006年、50–70頁。

会議であった、との旨を前段にて確認した。これと併行して、連合国が戦犯問題に関する調査・議決機関として設置したUNWCCの議論を通じて、平和に対する罪をめぐり厳罰化を主張したのは中国だけでなく、むしろ同国はその国際プレゼンスを保障してくれる米国との協調路線を採っていた。

米英の政策中枢が第二次世界大戦での勝利を射程に捉え始めると、正式発足から1年足らずのUNWCCを形骸化し、解散を模索するようになる。戦争犯罪に関する審判は所管から切り離され、連合国の戦犯問題を統括する米国に委ねられた。

ダンバートン・オークス会議の直後には、英国政府においても、外務次官が内務次官に宛てた1944年10月19日付書簡で、UNWCC主導の国際法廷構想を否定している[37]。UNWCCに関与しないソ連との間での連携協力は難しく、自国民への戦争犯罪は自国軍事裁判所で対処すべきとの判断であった。また米国についても、1945年1月22日付の国務省、陸軍、法務省の三長連名によるルーズベルト大統領宛書簡のなかで、同委員会の解散が示唆されており[38]、米国はこの段階で対日戦犯裁判を自国（陸軍省）主導で行うとの結論に至ったことがうかがえる。

中国は、UNWCCで原理的主張を展開してきたが、米英から次第に異端視されるようになると、それもトーンダウンせざるをえなかった。ともすれば、“戦後”に国共内戦が勃発し、国府が戦況に応じて政策転換を余儀なくされたと、議論が矮小化されかねない。その実、冷戦体制の陣営形成を急ぐ米英が、戦後処理の幕引きを迫ったことが最大要因であった。連合国の「中心」たる米英からすれば、戦後処理という過去に対する自己正当化ではなく、国連創設という未来に対する自己正当化こそが戦後構想の柱であると決断したからに他ならない。

そもそも国府が描いた“戦後”構想とは、日本との戦争に勝利しその国家的戦争犯罪の首謀者が犯した平和に対する罪を断罪することであり、それは国際レジームの「中心」に立脚してこそ結実するものだった。UNWCC極

37　TS26/84.「大蔵省法律事務所資料」英国立公文書館所蔵。林博史「連合国戦争犯罪政策の形成――連合国戦争犯罪委員会と英米（下）」前掲。

38　RG107/Entry99/Box5, RG107/Entry180/Box1「陸軍長官資料」アメリカ国立公文書館蔵。林博史「連合国戦争犯罪政策の形成――連合国戦争犯罪委員会と英米（下）」前掲。

東小委員会の重慶誘致とダンバートン・オークス会議での国際地位向上は、連合国での外交政策という車の両輪であった。人道に対する罪をめぐる厳罰対象からも、国府が国内ガバナンスにおいて求心力向上を図っていたことを確認できた。これらは国共内戦での勝利を所与としていながら、内政的文脈では、その先に「台湾化」という陥穽が待ち構えていた。

国府の夢が醒める「台湾化」の序章として、UNWCC 極東小委員会の末期、1947年1月の第36回会議（議長：劉鍇外交副部長）では、下部組織の事実根拠小組による以下の提案を承認した。すなわち、(1) 台湾出身者および (2) タイ、マラヤにいた中国人に対する戦争犯罪については、極東小委員会で取り上げず各被害国の対応に委ねる[39]。これは、戦時中に日本人とされた人々で、日本の敗戦にともない日本国籍を失った戦争犯罪被害者に関する対応策を示している。自国民保護の観点と人道に対する罪加害者への厳罰化方針とのコントラストから、国民統合／国家統治の眼目が確認できよう。

他方で、米英の戦後構想は冷戦構造のパワーポリティクスであって、セオリーに沿ったUNWCC の解散決定も、連合国の「中心」というアプリオリを抱く中国が、やはり「中心の周辺」であることを如実に物語っている。国際政治の文脈を読めば、なるほど中国にとっての“戦後”と米英の戦後は同床異夢であった。

参考文献

Arieh J. Kochavi, *Prelude to Nuremberg: Allied War Crimes Policy and the Question of Punishment*, The University of North Carolina Press, 1998.

国史館『中華民国与連合国史料彙編 籌設編』国史館、2001年

林博史「連合国戦争犯罪政策の形成——連合国戦争犯罪委員会と英米」（上）（下）関東学院大学経済学部総合学術論叢『自然・人間・社会』第36、37号、2004年

林博史編集・解説『連合国対日戦争犯罪政策資料 連合国戦争犯罪委員会』第1～8巻、現代史料出版、2008年

林博史『戦犯裁判の研究——戦犯裁判政策の形成から東京裁判・BC 級裁判まで』勉誠出版、2010年

日暮吉延『東京裁判の国際関係』木鐸社、2002年

---

39 Minutes of 35th Meeting of the Far Eastern and Pacific Sub-Commission of the UNWCC (14 Jan. 1947), p. 1.

胡菊蓉『中外軍事法廷審判日本戦犯――関於南京大屠殺』南開大学出版社、1988年
伊香俊哉「中国国民政府の日本戦犯処罰方針の展開」(上)(下)『戦争責任研究』第32、33号、2001年
入江啓四郎「國際政治における中國の地位」愛知大学国際問題研究所『国際政経事情』第18号、1954-II
加治宏基「国連における「中国代表権」問題をめぐる国際環境と「中国」――国連創設過程およびアジア・アフリカ連帯運動展開過程を中心に」愛知大学修士論文、2003年
藍適齊「戦犯的審判」『中国抗日戦争史新編 第六編 戦後中国』国史館、2015年
李鉄城主編『連合国的歴程』北京語言学院出版社、1993年
李鉄城「中国的大国地位与対創建連合国做出的重大貢献」陳魯直・李鉄城主編『連合国与世界秩序』北京語言学院出版社、1993年
李鉄城『連合国50年 増訂本』中国書籍出版社、1996年
最上敏樹「第二章 国際機構創設の動因」『国際機構論』東京大学出版会、2006年
西村成雄編『中国外交と国連の成立』法律文化社、2004年
大沼保昭『戦争責任論序説』東京大学出版会、1975年
秦孝儀総編纂『総統蔣公大事長編初稿』巻五（上）、1978年
清水奈名子・竹峰誠一郎・加治宏基「「戦後」再論――その多元性について」愛知大学現代中国学会編『中国21』Vol. 45、東方書店、2017年
清水正義「先駆的だが不発に終わった連合国戦争犯罪委員会の活動 1944年――ナチ犯罪処罰の方法をめぐって」『東京女学館短期大学紀要』第20輯、1998年
宋志勇「終戦前後における中国の対日政策――戦争犯罪裁判を中心に」『史苑』第54巻1号、立教大学史学会、1993年
唐家璇主編『中国外交辞典』世界知識出版社、2000年
The UNWCC, *Punishment for War Crimes: The Inter-Allied Declaration Signed at St. James's Palace*, London: His Majesty's Stationary Office, January 1942.
The UNWCC, *The History of the United Nations War Crimes Commission*, London: His Majesty's Stationary Office, 1948.
田進・孟嘉等著『中国在連合国』世界知識出版社、1999年
United Nations Dept. of Public Information, *Yearbook of the United Nations 1946–47*, New York: 1947.
和田英穂「被侵略国による対日戦争犯罪裁判――国民政府が行った戦犯裁判の特徴」『中国研究月報』第645号、中国研究所、2001年
王杏芳主編『中国与連合国』世界知識出版社、1995年
王杏芳主編『連合国春秋』当代世界出版社、1998年
謝啓美・王杏芳主編『中国与連合国』世界知識出版社、1995年
張群・黄少谷『蔣総統為自由正義輿和平而奮闘述略』蔣総統対中国及世界之貢献纂編編纂委員会、1968年
中国国民党中央委員会党史委員会編印『中華民国重要史料初編――対日抗戦時期』第三編 戦時外交（三）、1981年
中国国民党中央委員会党史委員会編印『中華民国重要史料初編――対日抗戦時期』第二

編 作戦経過（四)、1981年
中国社会科学院近代史研究所訳『顧維鈞回顧録』第五分冊、中華書局、1987年
朱坤泉「四強之旅与大国之夢」張圻福主編『中華民国外交史綱』人民日報出版社、1995年

「敗北者になりたい」[1]

——二人の台湾詩人の「1949」——

黄　英哲

Ⅰ．「時間が始まった」[2]

1949年9月国共内戦の大勢が定まり、中国で共産党主席毛沢東指導の下、中国人民政治協商会議が正式に開幕した。同年11月20日、作家の胡風は『人民日報』に長詩「歓楽の頌」を発表し、高ぶる気持ちを書き記した。

時間が始まった——
毛沢東
彼は主席台の中央に立つ
彼は地球の地図の
　　　　中国の地形の真正面に立つ
彼は
彫像のように屹立する……
拍手と叫び声が静まった
(略)
この厳粛な一瞬が過ぎ去った
　時間だ！　時間だ！

1　呉新栄の句。全文は「願做一個敗北者，願做一個機会主義者」。呉新栄1951年7月16日日記、『呉新栄日記全集』第9巻（台南：国立台湾文学館、2008年、216頁。原文は中国語、筆者邦訳）を参照。

2　胡風の句。詳しくは胡風の長詩「歓楽頌」を参照のこと。本詩は『胡風全集』第1巻（武漢：湖北人民出版社、1999年、101–120頁）より引用した。原文は中国語。筆者邦訳。

　あなたはさっと立ち上がった！
毛沢東、彼は世界に向かって声を発する
毛沢東、彼は時間に向かって命令を発する：
“進め !!!”
(略)
今日
中国人民の詩人毛沢東は
中国で新しく生まれた時間の大いなる門に
書き記す
ダンテが幸運なく書き記したのは
人を幸福にさせ
苦しめる文章ではない
“一切の新生を願うものは
ここに来たれ
最も美しく最も純潔な希望が
あなたを待っている！”
(略)
あなたが振り上げる偉大なる者の手振りとともに
大自然の交響が勇壮な音を湧きおこす
全人類の希望が最も強い光を発する
あなたは泰然として一歩を踏み出す
あなたの落ち着いた声は急に鳴り響く雷のよう

“人類総数の四分の一を占める中国人よ、これより立ち上がれ！”
“中国人よ　これより立ち上がれ！”
“これより立ち上がれ！”
“立ち上がれ！” [3]

同年10月１日、中華人民共和国は天安門広場において建国大典を挙行し

3　同上。筆者邦訳。

た。翌年1月27日、胡風は再び『天津日報』に長詩「勝利の頌」を発表し、毛沢東の建国の大業を賛美した。

東方が紅くなった
東方が紅くなった
五星紅旗を
掲げよ！
(略)
旗の下
無数の
　　勤労の英勇たる人民
労働であなたを迎えよう！
戦闘であなたを迎えよう！
創造であなたを迎えよう！
(略)
全地球の労働の心霊
全地球の戦闘の心霊
全地球の創造の心霊
彼の声を聞いて
彼のまごころを感じ
彼の紅い心を感じ
彼の意志を吸収し
彼の理性を吸収する
皆が歓楽のこだまを発する：
　　　　"我々は永遠に勝利するだろう！"
多くの星が歓楽のこだまを発する：
　　　　"我々は永遠に勝利するだろう！"
大宇宙が歓楽のこだまを発する：
　　　　"我々は永遠に勝利するだろう！" [4]

4　胡風の長詩「勝利頌」。『胡風全集』第1巻（武漢：湖北人民出版社、1999年、257–281頁）より引用。筆者邦訳。

胡風の二首の長詩は、1949年10月1日より新中国としての時間が始まり、建国の大業を完成した毛沢東が時間に向かって命令を発し、中国人がここに立ち上がることを明確に表現している。中国人は毛沢東の指導の下で社会主義の未来と共産党の未来を創造し、必ず勝利を得ることができると信じていた。

「台湾光復初期の天才少女作家」と称賛された陳蕙貞[5]は、1949年の夏には母親の何灼華とともに香港経由で北京に移って来ていた。中国民族主義者で言語学者であり、元建国中学校校長である父親の陳文彬とともに、北京の新華広播電台に入って働いた。1949年10月1日の建国大典には、当日彼女は新華広播電台の社員と天安門に登って建国大典を放送し、その目で建国大典を目撃した。後日彼女は当時の情景と心境をこう書き記している。

> わたしたちの場所は、天安門の城楼の真下でやや西寄りのところ。背の低いわたしを、みんなは長安街に面した最前列まで押し出してくれた。
>
> 立ったまま待つこと数時間、いよいよ式典が始まった。真下にいるわたしたちには天安門の上は見えなかったが、人民の新しい中国の誕生を告げ、「中国人民は立ちあがった」と力強く叫ぶ毛主席の声はハッキリ聞こえた。
>
> 軍隊の行進が始まった。階級章も襟章もない質素な軍服に身を包み、布靴をはいた歩兵部隊や砲兵隊が、次々に過ぎていく。古ぼけてはいるがピカピカに磨きあげた砲車が、数頭立ての軍馬に曳かれて目の前を通っていく。人民の国が今生まれたのだという実感が湧いてきて、熱い涙がとめどなく流れた。
>
> (略)
>
> 日本で過ごした幼いころの情景が、脳裡を次々に掠めていく。近所の腕白どもは「戦争ごっこ」のたびに、わたしに捕虜の役をやらせ、バーンバーンという銃声にコロンと倒れる真似までしなくてはならなかっ

5　陳蕙貞の生涯については野田正彰『陳真――戦争と平和の旅路』(岩波書店、2004年)と黄英哲「台湾作家的「抗戦」書写――読『漂浪的小羊』」(陳蕙真著、王敏翔訳『漂浪的小羊』台北:台大出版中心、2015年、15–25頁)を参照のこと。

た。こども心にも情けなかった。もっと傷ついたのは小学校三年生のとき、担任の若い先生に、チャンコロよばわりされ、頬が腫れ上がるほどビンタを張られたことだった。自分の祖国が弱い国、遅れた国、列強によってズタズタにされ、植民地となかば植民地に零落した国であることの辛さ、惨めさは、外国に住んでいるときに一番こたえる。それだけにこの日の喜びも大きかった。[6]

中国の作家胡風と陳蕙真はそれぞれ1949年10月1日の新中国成立の瞬間に感じたことを記録している。胡風は青年期に、陳蕙真は少女の時期にかつて日本で過ごしたことのある彼らもどのような心情で新中国の誕生を迎えたのだろうか？

1949年10月中華人民共和国の成立は当時の国際社会に多大な衝撃をもたらした。その衝撃は当然日本にまで影響した。しかし当時日本はまだ連合軍の管轄下で国際政治の外に隔絶されていた。これに加え、侵略戦争に関する一切の記憶を故意に避ける防衛本能によって、日本人は新中国成立の意義に対して混乱し複雑に反応した。当時日本の左翼中国研究者は基本的に共産中国の成立はただ地図の色を変えるだけとみなし、真剣に中国民衆の真の感動に関心を持たなかった。彼らの新国家誕生に対する喜びは、ただ勝利を得た共産主義の信条と生を彼らが堂々と主張できるからだけであり、中国の民衆と同じ喜びではなかった。一方で、保守派の学者はあまり態度を表明しないか、このことを重視しなかった。当時の日本知識界の反応を前に、竹内好は1949年12月に「新中国の精神」を著して、「一九四九年十月一日、中華人民共和国が正式に成立して中国の歴史に新しい紀元が開かれた」「中共こそ民族のもっとも高いモラルの体現者である。そして、このモラルが、中国の力の源泉である」[7]と広く称賛した。竹内好はこう考える。

この中共を貫いているモラルの高さは、ほとんど私に中国古代の聖賢を連想させる。儒教的規範というものは、中世以来、支配者によって他律的に人民に押しつけられ、それによって逆に支配者自身を価値から超

6　陳真『柳絮降る北京より——マイクとともに歩んだ半世紀』（東方書店、2001年、19–21頁）。
7　竹内好「新中国の精神」（『竹内好全集』第4巻、筑摩書房、1980年、90–101頁）を参照。

越せしめることに役立てられてきた。だから、中国における近代の覚醒は、こうした秩序の体系を破壊する運動によってはじめられたわけだ。しかし、秩序の破壊は、どこまでいっても、外にある権威を除くことはできない。権威そのものを徹底的に除くためには、自身が権威になることによってその外在性を消すよりほかに方法がない。他律的に押しつけられたものを主体化し、外的権威を内面化することによってのみ、破壊は完成し、真の人間の自由は実現する。中共のモラルは、このような転換によって生まれたものだ。(略) 中共は、伝統的な価値を徹底して破壊することによってそれを新しく甦らせた。(略) 中共が民族の伝統の破壊者であるという批判は、この点からすれば見当違いであって、中共こそ民族のもっとも高いモラルの体現者である。[8]

本論は1949年10月に「時間が始まった」後、新中国成立以後の実際の状況を議論するものではなく、あるいは竹内好の新中国への見解を議論批評するものでもなく、作家の日記に焦点を置くものである。日記のような私的な性質をもつ史料には、主観による時代の雰囲気やみずからの心境が反映されている。本論は1932年に日本で医学を学んで台湾に帰り、故郷台南佳里で医者となった漢詩人呉新栄（1907–1967）と、1930年代東京の台湾留学生文芸団体「台湾芸術研究会」のメンバーで、後に日本占領下の中国東北、華北に赴き職についた現代詩人楊基振（1911–1990）が残した完全な日記から、二人の台湾詩人の「1949」を整理していく。彼らの日記を通して台湾人作家あるいは台湾文化人が1949年以後に「新中国」と平行して成立した対照的な「新台湾」[9]でいかに安定した生涯を送り、「天綱折地軸裂」（天の綱がちぎれ地軸が折れる）と言われる時代にいかに国民党に立ち向かったのかを明らかにしたい。日記のような私的文書を通して、当時の台湾で公にされた文壇や世論では激変する時代にあって見ることが難しい、政府に対する、個人的な当時の時代に対する、または未来に対する思索の痕跡を我々は覗き見ることができるであろう。

8　同上、100–101頁。

9　「新台湾」の定義に関しては、王徳威「納中華入台湾」、楊儒賓「両岸三地——新中国與新台湾」（楊儒賓『1949礼讚』台北：聯経出版、2015年、3–12頁および207–228頁）を参照のこと。

II．「敗北者になりたい、日和見主義者になりたい」
——呉新栄の「1949」

1．漢詩人呉新栄について

呉新栄は1907年に現在の台南の将軍郷将富村に生まれた。父は漢詩人の呉萱草である。1913年に蕭壠公学校に入学後、漚汪公学校に編入した。1922年に台南の台湾総督府商業専門学校予科に入学し、1925年に日本の岡山市金川中学校四年生に編入、1928年に東京医学専門学校に進学する。そして東京医学専門学校南瀛同郷会と東京里門会に参加、「拾仁会」の結成を提唱し、『蒼海』、『南瀛会誌』、『里門会誌』を創刊した。1929年に「台湾青年会」幹事となり、警視庁による日本共産党の「四一六大検挙」事件に巻き込まれ19日間拘留された。1932年3月に東京医学専門学校を卒業して、「五反田無産者病院」に勤務後、9月に台湾へ帰国、11月に毛雪と結婚し、叔父の呉丙丁の「佳里病院」を継いだ。1935年6月「台湾文芸連盟佳里支部」を創立、1937年7月の盧溝橋事件（支那事変）勃発後、「佳里防衛団」、「国防献金」、「軍機献納促進会」、「国民精神総動員佳里分会」などの活動に参加した。1939年11月、佳里街協議会会員に当選し、1941年7月に「皇民奉公会佳里街分会」の生活部長となった。1943年11月には台北で「台湾文学決戦会議」に参加した。1945年8月に日本が敗戦し台湾が光復すると、9月に三民主義青年団の設立計画に参加し、国民政府歓迎準備会副委員長、北門郡治安維持会副委員長となった。10月には「三民主義青年団佳里区隊」の区隊長となり、12月に北門郡自治協会理事長に任じられた。1946年4月中国国民党に入党、国民党の『台湾画報』の求めに応じ、自らの経歴と政見について次のように述べている。「一、私は熱誠なる正義理念をもって社会のために尽くすことを願う。二、私は永久不滅なる民族の心血をもって進んで国家の犠牲となる。三、台湾が太平洋上における重要な地位にあることを自覚し、最前線の拠点を建設する。四、世界史上における漢民族の重要な使命と大同文化の復興を叫ぶ」[10]。1947年3月から9月までの間に、「二二八事件」が原因で父子は前後して投獄された後しばらくして出所した。事件後、彼は

10　呉新栄1946年4月19日の日記。『呉新栄日記全集』第8巻（台南：国立台湾文学館、2008年、257頁）。原文は中国語。筆者邦訳。

獄中時の心境を詩に表現している。「両親が子を思う夢をみた。心ない春の夜はどうしてこんなに時の流れが遅いのか。体中に民族の血があふれ、国家にまごころを尽くしてこの疑いを消す。私の中の真っ赤な血で青史を染め変えることも恐れない」[11]。同年12月、中国国民党台南県党部執行委員に当選、1952年4月に台南県文献委員会委員兼編纂組組長に任じられた。1960年6月に『台南県志稿』（全10巻13冊）の出版を担当、1966年11月『震瀛随想録』を出版、1967年3月に病没した。

呉新栄は日記を書く習慣があり、1933年9月4日から亡くなる前夜の1967年3月15日までの日記が遺されており、ほぼ完全な状態ですでに全部が出版公開されている[12]。1937年に「盧溝橋事件」が勃発して中国が全面抗戦に入った後、呉新栄は日本当局から「国民精神総動員佳里分会」の参賛および「軍機献納促進会」幹事に任命され、妻の毛雪も愛国婦人会佳里分会委員に任命された。彼はこの一切を時局の流れとして容認し、日記に「誰もが部隊を持ち、誰もが時勢に従う」[13]と記している。同年12月19日、台湾軍夫出征の歓送会の後で彼は興奮ぎみに日記に記す。「いま台湾人が完全に兵役を分担することになった。この歴史の変動期には、台湾人も歴史の動きに参加することは至極当然のことだ」[14]。1938年1月1日からは呉新栄は漢文（中国語）で日記をつける習慣を改め、日本語で書くようになっており、それは1945年8月15日に日本が敗戦するまで続いた。これも彼が時勢に従ったことを表す一例である。

1941年にドイツとソ連が開戦し、同年台湾で志願兵制度の実施が決定されたことを知ると、彼は6月23日の日記に次のように記している。「吾々は本島人がこの世界的大動乱に備へる為めに、精神的にも、肉体的にも、訓練しなければならないことは双手を挙げて賛成するものである。……若しも三国同盟に依りて、日蘇にも戦端を開かねばならない場合には本島人は南方の唯一の守護者たる自覚を要すべきだ」[15]。さらに東京留学から台湾に帰省した

11　1947年6月18日の日記。同上、378頁。原文は中国語。筆者邦訳。

12　2007–2008年に国立台湾文学館が整理出版した（張良澤総編撰）。全11巻。

13　1937年10月16日の日記。『呉新栄日記全集』第1巻（台南：国立台湾文学館、2007年、348頁）。原文は中国語。筆者邦訳。

14　同上、362頁。原文は中国語。筆者邦訳。

15　1941年6月23日の日記。『呉新栄日記全集』第5巻（台南：国立台湾文学館、2008年、64頁）。

弟寿山を励まして、「この国家的飛躍期に際し、この民族的運命を賭ける時期に於いて、吾々は已に自己的打算を超越し得た。も早や一個人の死と云ふことは吾々の目中には問題には成り得ないのだ」[16]。と述べている。ここでいう「国家」や「民族」とはもちろん日本を指す。この年の12月8日に日本の真珠湾奇襲攻撃が起こり、日本とアメリカが正式に開戦すると（太平洋戦争)、彼は「日本は遂に重慶の降伏を待たずに英米と開戦したのだ」[17]と驚き、ハワイでの戦果を耳にした時は「この全太平洋に渡る大作戦は、日本海軍の偉大さを証明するに外ならない」[18]と記している。彼には「重慶が祖国である」という意識はまったく見られず、むしろ重慶の国民政府が日本に投降することを期待していたかのようである。

1944年2月、弟の寿山が乗っていた船がアメリカの潜水艦に撃沈されて亡くなると、彼は「勿論こんな種類の犠牲は何時でも覚悟してゐる。然しこの犠牲に対して敵愾心を以つてすることは何の不合理もない。……そしてこの犠牲を最後迄甘じ得る人こそ最後の勝利者ではないか」[19]と記している。9月1日、彼はアメリカ軍の飛行機が月明りに乗じて攻撃したとき、憤怒して「何んだか月も憎らしいが、敵機は一層憎らしい」[20]と述べており、ここではアメリカと中国が台湾を「解放」しに来たとは全く考えていない。1945年2月、アメリカ軍がマニラに攻め入ったと知ると、彼は次のように覚悟を決めている。「フイリツピンが奪取されたら、台湾の運命も知るべきである。ことこゝ迄考へを致せば、心痛これより大なるはなし。吾等は断じてこの聖土を守り抜いて、子孫に後顧の憂ひを無か（ら）しむべきである」[21]。この時、連合国軍はすでに彼らの方針を発表しており、もし連合国軍が勝利すれば、カイロ宣言に基づいて台湾を中国政府に返還するとしていた。台湾が中華民国という「祖国」の懐に帰ることを彼が願っていなかったことが分かる[22]。

原文は日本語。

16 1941年7月27日の日記。同上、84頁。原文は日本語。

17 1941年12月8日の日記。同上、138頁。原文は日本語。

18 1941年12月9日の日記。同上、139頁。原文は日本語。

19 1944年2月18日の日記。『呉新栄日記全集』第7巻（台南：国立台湾文学館、2008年、270頁)。原文は日本語。

20 1944年9月1日の日記。同上、322頁。

21 1945年2月6日の日記。前掲『呉新栄日記全集』第8巻、15頁。原文は日本語。

22 黄昭堂「台湾の民族と国家」(『国際政治』第84号、日本国際政治学会、1987年2月)、75頁。

同年5月末、彼は日本が敗戦することを予測し、中国の政治思想や文学思想を研究しなければならないと考えたのか、『孫文全集』を改めて読み始めている。

2．呉新栄の「1949」

1945年8月15日、昭和天皇が「終戦詔書」を発表し、日本の敗戦が承認されると、その晩に呉新栄はラジオの内容を間接的に知り、非常に驚いている。その翌日の日記に記す。「今日から我々はいのちを新たにするのだ！……ああ、悲壮なものだ。歴史の大転換は一日一刻の間に起こるものなのだ。ああ、感慨深いことだ。今日は平和の日の始まりといえようが、ある種の不安や無限の動揺を感じずにはいられない」[23]。1945年8月15日が呉新栄に与えた衝撃は大きく、ほとんどなすすべもなかったが、しかし彼はすぐに心境を整理し、8月25日の日記に次のように記す。「8月16日以来、毎日夜明け前に目が覚めてしまい、睡眠不足の感があるものの、体を壊すということはない。熱い涙をこらえながらも、いつも国事に思いを致す。男子たるもの、この千載一遇のときに生まれて、どうして手をこまねいて傍観していられようか？」[24]。呉新栄はすぐに行動を開始し、9月には故郷で「三民主義青年団中央直属台湾区団曽北分団籌備処」を組織して、郷里の国民政府歓迎準備会に参加した。10月25日に「台湾省行政長官公署」成立までの空白期間における三民主義青年団団員の任務は、公共財産の保護や地方の治安秩序の維持を行い、台湾の社会秩序の崩壊を防ぐことであった。この時呉新栄は郷里の政治活動と公共事業に熱心で、翌年1946年3月には台南県参議会議員に当選、10月に佳里鎮鎮長選挙に出馬したが惜しくも落選した。1947年3月には二二八事件に連座して投獄され6月に釈放された。8月に台南県医師公会北門区分会理事に当選した。10月に再び国民党台南県党部の党務への参与を始めた。

1948年の呉新栄日記には当時の時局への関心があらわれている。1月10日の日記「近頃（略）最も楽しみなのはテーブルの上に地図を開いて新聞を

23　1945年8月16日の日記。前掲『呉新栄日記全集』第8巻、174頁。原文は中国語。以下の引用した日記は原文はすべて中国語で筆者邦訳。

24　同上、181–182頁。

手に世界の大勢や国内の情勢を詳しく調べ、何とこんなにも愚かで、依然として利己的で排他的であるかを笑うことだ！」[25]。2月28日の日記「二・二八事変から一周年が過ぎた。我々は皆過去の苦痛をすっかり忘れてしまった。過去の苦痛でさえも一場の美しい夢のように感じる。しかし軍警は連日様々な威圧行為を行ない、人心を刺激すること多く、これも国内情勢の影響かもしれない」[26]。4月8日の日記で呉新栄は漢詩を一首書き留めている。「国家を憂うのは当然のことだが、私に何ができるだろう。後園で花木を育てるのが一番だ。南風が春雨を連れてくるのを眺めながら」[27]。呉新栄はすでに中国国内の不穏な情勢を察知していたようだ。5月1日の日記には蔣介石が総統に、李宗仁が副総統に当選したことが記されている。10月10日呉新栄は中国華中の調査旅行に出発し30日に台湾に戻った。日記には華中で見聞きしたことや感想は書かれていないが、「華中旅行備忘録」[28]を記している。12月31日の日記に記す。「今日政界では重大な変化があったことが広く伝えられたが、万事我々の想定内である」[29]。呉新栄は時局の変化にかなり関心があり、1949年1月22日の日記には蔣介石の下野の声明を記録する[30]。3月7日の日記では、呉新栄は国軍が淮海戦役に負けて蔣介石が下野し、孫科南が広州に逃げて李宗仁が和を求め、台湾経済が急激な勢いで破産寸前となったことを記し、「大勢は変わるだろう、我々は相応の準備をしたほうがいい」[31]と悟っている。3月9日呉新栄は北に向かって旅行し、三日間で30数人の友人を訪問した。13日の日記には国府敗北前夜の一般の台湾人と自分自身のさすらう心情を如実に記録している[32]。5月2日の日記「すでに五月。春は去り夏が来て、至る所で変化があった。世界では、ベルリンの封鎖を解放しようと、ソ連アメリカ両陣営の冷戦が終結しようとしている。中国では、共産党軍が京滬間に侵攻して江南の天地はまさに国共死闘の生き地獄と

25 前掲『呉新栄日記全集』第9巻、5頁。
26 同上、22頁。
27 同上、29頁。原文：憂慮國事當家事，但我何能有此餘，最好後園栽花木，聆〔盼〕望南風送春雨。
28 未見。
29 前掲『呉新栄日記全集』第9巻、61頁。
30 同上、65頁。
31 同上、69–70頁。
32 同上、73頁。

化している。台湾では物価が高騰し続けている。（略）しかしこの揺籃の不安の中にあっても、全国の中では最も安定した場所であろう」[33]。5月19日の日記「不安定な時局にあってこの世に生きていることに感慨を感じずにはいられない！　国共和平の談判が破談になって以後、共産軍が大挙して強行に渡江して以来1カ月もしないうちに、南京、太原、武漢、淞滬などの名城巨都が連続して奪われた。（略）我が台湾は東海の中に孤立している。ああ！何を言うことがあろうか！　不安定な時局に男として生まれて、感じないことがあろうか！」[34]。5月28日の日記「我々は中国の運命を予想しがたい。（略）台湾が太平洋の孤児となる可能性は想像に堪えない、半独立国になるかもしれない」[35]。7月23日の日記「早朝眠りの中で一詩を得た：一場の豪華な夢。幻かまたは現か。至るところ戦火。住み家を移すところはどこにあるのか」[36]。8月24日の日記でも漢詩を記している。「子に新聞を持ってこさせて読む。戦災を伝える記事であふれている。世事には決して関わらないが、嘆く心はいまだなくならず」[37]。日記には中国各地の戦火や国府の戦事についてしばしば敗退の事実を記録している。来たる時局を掌握し、かなり敏感に対応している呉新栄は9月7日の日記で誠実に記す。「根本を見極め、現実に応じて行動する。一昨々日の夜、荘維藩君と陳華宗氏宅で政治哲学を大いに論じた。結局私の結論は前記の一句に尽きる。これは私の処世訓でもある」[38]。呉新栄はこれまで郷里の地方政治に熱心で、台湾が大きな変局に直面する前夜であっても変わらなかった。9月10日の日記には台湾が地方自治を施行し、正式に県市議会を成立すると新聞が発表したと記し、日記には自身が選挙に参戦するつもりであることを吐露している[39]。戦事が差し迫るにつれ9月27日の日記に記す。「この2、3カ月で国軍は長沙、贛州（華中戦線）、西安、蘭州（西北戦線）、福州（東南戦線）の各重要拠点を連続して放棄し、広東、四川、台湾の三大基地が遂に最後の一線となった」[40]。

33　同上、77–78頁。
34　同上、80頁。
35　同上、81頁。
36　同上、90頁。原文：一場豪華夢，幻滅又顯現，遍地是烽火，何處有宿遷。
37　同上、97頁。原文：呼兒拿報看，滿編傳戰災，世事誓不問，但悵心未灰。
38　同上、99頁。
39　同上、100頁。
40　同上、101頁。

10月1日中国共産党は北京で中華人民共和国成立を宣言した。9月27日の後は呉新栄の日記にはいかなる記載もない。10月7日の日記にようやく記す。「この全国が戦火で不安の中、昨夜家族と小雅園で素雅な観月会を開いた。（略）子供たちは歌ったり笑ったりして喜んでいる様子だった。大人たちは頭の中では悶えていても、このような平和な雰囲気にありつくことができ、意外にも満足していた。来年は本当に平和な中で仲秋節を迎えたいものだ」[41]。10月15日の日記「一週間前、小諸葛こと白崇禧将軍が桂林に飛び帰り、衡陽はすでに占領されたと告げた。一週間後、昨今はまた決戦内閣の閻錫山将軍も台北に飛んで来て広州が陥落したと伝えた。（略）これから台湾は東海中の孤立基地となるだろう。我々はいかに時局が厳しいかを自覚して対策を準備すべきだ」[42]。12月6日、呉新栄の日記は記す。「かりに大陸全体ではすでに武を用いる余地もないなら、それでは台湾、海南の両島は必ずや国府のふたつの守城とならん。（略）このさながら黎明前の東南の空に競い合って輝く二つの星のように、この両島はまさに歴史における二つの星のようになるだろう」[43]。しかし、その黎明を待つことなく翌日12月7日、中華民国政府はついに台湾台北に遷都した。1949年年末の12月31日、呉新栄は日記に記す。「今年台湾の未来における地位はまだ解決されていない。大陸全体の問題によって、すでに全面的に見直した。要するに今年の私の生活環境は無風地帯とも暴風前の静謐の一瞬とも言える」[44]。

呉新栄は中華民国政府初期の遷台の頃はかなり楽観的に是認していたが、国府が遷台した翌年の1950年3月10日の日記ではこう記す。「中央政府が台湾に越してきて以後、台湾の歴史に一頁が加えられた。その後台湾省主席が呉国楨に替わり、台北市長が呉三連に替わった。これは対内向け措置である。最近再び蔣総統が復職し、陳誠が行政院長を続任した。これは対外的表示である。これより台湾というこの小島は世界的な存在として輝くべきである」[45]。しかし当時国府は風雨揺れ動くただ中にあった。呉新栄の6月5日からの日記にはその一端を見ることができる。「父が帰って来て言うには、基

41　同上、102頁。
42　同上、103頁。
43　同上、108頁。
44　同上、112頁。
45　同上、120頁。

隆で舟山から撤退して来た国軍に大勢会ったとのことだ。舟山と海南の国軍の方向転換は最近の大事件だ。台湾は完全に太平洋の孤児となってしまった。両地より多少は兵力が台湾に集中し、各地は守りが強固になったが、当局トップもこの百日の間が最後の瀬戸際であると表明している。いかなる変化にも我々は当然精神的、物質的な準備をすべきだ。各地で恐れおののいているが、しかし私は自分の健康が可能な限り、己の本分として国家民族に貢献する以外に動じることはない」[46]。同年6月25日、北朝鮮の軍隊が38度線を越え全土で朝鮮戦争が勃発した。6月28日、呉新栄は日記に記す。「本日午前、警報放送を流すと空襲を知った。これは光復後初めてである。(略)今回の空襲は最近の時局急変により表出したうちのひとつと言える。26日から南北韓は突如交戦となり、北朝鮮軍は直接漢城を攻撃して陥落した。同時に東京のマッカーサー元帥はすぐさま輸送兵器を韓国に援助し、翌日ワシントンのトルーマン大統領も空海軍を韓国、台湾、フィリピン島、ベトナムに援助すると声明した。西太平洋はアメリカの独壇場と言える。アメリカ政府は台湾の未来の地位をまだ決定していない前に、第七艦隊を『台湾の如何なる攻撃も防ぐ』と決定した。このような行動はあるいは台湾の危険を阻止でき、台湾を戦火から免れさせることができるが、しかし我々は台湾の将来的運命と、祖国に対して深刻な影響が出ることを危惧する。我々は永久に台湾が台湾人の台湾であり、また中国人の台湾であると主張する。この主張のためなら私は自分の一生を犠牲にしてもいい」[47]。日記のこの部分には呉新栄の内心の矛盾があらわれており、彼は新しく成立した中国が台湾を攻撃することを心配しつつも、また中国が台湾の祖国であるとも認めている。また一方で、アメリカが台湾を保護することを希望するが、しかしまたアメリカが台湾に介入し過ぎて中国の利益に影響することは望んではいない。彼は台湾が台湾人と中国人の両方に等しく帰属すると考えている。この時期、呉新栄は国家や世界に関する事への関心で忙しかったようだ。7月14日になると彼は日記にこう記している。「正直一家十数人の生活と子供たち五、六人の教育のために、私は毎日本業以外でもとても忙しい。どうにも政治に関心を持つことも世間に関わることもできない。それでも私は家族の生活の安定こ

46　同上、133頁。
47　同上、137–138頁。

そは最大の民族事業であり、子弟の育成に尽力することこそが最大の国家事業であると信じる」[48]。呉新栄は家事も国事であり、家庭と国家は一体であるとにわかに悟ったようだ。呉新栄は戦前から戦後まで始終郷里の政治活動と公共事業に関心を持っていた。8月、彼は翌年1月の台南県で実施される地方自治の第一回県議会議員選挙に出馬することを決めた。8月9日の日記で彼は記す。「私は今回の行政区域分割後の新台南県議会議員の選挙に参加することにした。その目的は二つある。一つは内在的目的である。1.いつでも民衆の前に立つという原則を守るため。2.一人の文化人としての自負であり、自身の政治良心を実現する機会をつかみ取るため。いま一つは外在的目的による。1.民主の基礎の建設。(略) 2.人格的政治の提唱。(略) 3.地方の人才の推挙。(略)」[49]。年末12月31日の日記で、呉新栄は自身の願いを書き留めている。「私は来年には政治の上で相当な地位を勝ち取って、生涯の事業をやり遂げたい。また来年には台湾の地位が確実に解決し、世界の対立のなかで、平和な生活を保持したい」[50]。呉新栄は個人的生業と国家の大事とをすっかり一体化させている。1951年1月、台南県第一回県議会議員選挙の結果、呉新栄は落選した。2月3日、彼は日記に記す。「落選して私はひとつ反省させられた。いまここで県議員をしてどんな意義があるのか！かつては政府機関を訪ねたが、四、五年参議をしたとして、精神的、物質的、ひいては生命上の苦労を犠牲にして、結局大局に対してどんな利点があるか？　私は光復してから、まるで妖婦との交際のように政治をやりたいと思ってきたが、今回この妖婦は民衆の公正な裁判で私のもとを離れることに決まった。私はこのような捨身の気分になって、非常に気楽で爽快だ」[51]。5月6日、彼は焼香して神仏祖先に告げた。今後は人生の静養、退避の段階に入ることを決め、政治を語らず世俗に関わらないことを誓った[52]。7月16日の日記で彼は記す。「私はすっかり悟った。敗北者になりたい。日和見主義者になりたい。政治と文学の間で、文化と生活の間で、私はようやく迷路から抜け出した。私はしばらく生活環境を保って、文化事業に貢献すること

48　同上、138頁。
49　同上、144–145頁。
50　同上、166頁。
51　同上、171頁。
52　同上、191頁。

を決心した」[53]。7月18日の日記では、自身のアイデンティティを確認している。

「中国は民族国家であり、かつ台湾は漢民族唯一の島なので、当然政治の問題が台湾の永久的存在を支配することはできない。第一に私は漢民族であり、第二に私は台湾人である。その他の政治的あるいは宗教的なことがこの二つの事実を左右することはできない」[54]。呉新栄は自分が漢民族の台湾人であるが、しかし中国も漢民族の国家であり、台湾人と中国人は同属の漢民族であることをようやく認めた。1951年1月以後、呉新栄は二度と地方公職の選挙に出馬することはなかった。1952年11月台南県文献委員会編纂組組長に就任し、翌年3月に台南県文献委員会発行の『南瀛文献』創刊号を出版した。彼は3月29日の日記でこう記す。「『南瀛文献』創刊号はすでに世に問うた。これは私が台南県文献委員会に入って最初の成果であり、自分の一生で文化事業に関係して以来の最大の作である」[55]。この後1967年3月に急逝するまで、呉新栄は精力的に台南県の民衆の風俗や実情の採集や地方文献を整理出版し、彼の晩年の文化事業を成し遂げた。

呉新栄の戦前から戦後までの日記の内容には、彼が時局に関心をもち時局の変化に対して相当敏感であったことがあらわれている。彼は日記ではばかることなく自身の処世訓は「根本を見極め、現実に応じて行動する」であるとし、戦前日本統治下の皇民化運動時期、戦時体制下、あるいは戦後の1945年の国民政府の台湾接収、1949年の台湾撤退にあっても、事前に精神的、物質的に準備して無事に乗り切っており、1949年10月、12月の中国大変動の時代でさえも、やはり家族と時には月見をするプチブルな生活を過ごすことができた。呉新栄の情況は当時の台湾人知識家庭と資産家庭の「1949」に対する典型的一例であるかもしれない。また呉新栄はずっと郷里の公共事務に熱心であった。日記のなかでも常々、男として生まれたからには揺れ動く時局に合わせて自己表現すべきであると表明している。1945年8月台湾光復後、彼は台南県参議会議員に当選した。1950年7月には国民政府が台湾で地方自治実施を開始し、翌年1月彼は台南県第一回県議会県議員選挙に

53　同上、216頁。

54　同上、216–217頁。

55　同上、279–280頁。

出馬するも落選した。この結果による彼のダメージは大きかったらしく、熟考の末、彼は「敗北者になりたい、日和見主義者になりたい」という結論に達した。その後、彼は残された時間と精力のすべてを文化事業に貢献することとなった。

Ⅲ.「この国家はきっと崩れるに違いない」[56] ——楊基振の「1949」

1．詩人楊基振について

楊基振は1911年に台中の清水に生まれた。父は楊紹喜、母は楊梁双である。幼いころ漢学の私塾で学び、8歳のとき（1919年）に清水公学校に入学、14歳（1924年）で台中師範学校に進学した。1926年、台中師範学校を退学した楊基振は東京に進学し、東京市小石川区武島町7番地の堂兄楊肇嘉の家に寄宿した。最初は正則補習学校に学んだが、すぐに郁文館中学に編入した。1928年早稲田第一高等学院（現早稲田高等学校）に進学し、3年生の夏休みに中国の福州、上海、蘇州、南京、北京などを旅行している。1931年早稲田第一高等学院を卒業し、早稲田大学政治経済学部に進学した。早稲田大学に在学中、大学1、2年のときに北京に遊学し、北京滞在中は現地の女子大学生に北京語を教えてもらいながら、北京大学で聴講生となって熱心に中国の社会、政治や経済発展について勉強した。1931年に満洲事変が勃発すると、当時の北京では毎日のように各大学の学生によるデモが行われた。楊基振は北京大学で政治学の陳啓修（陳豹隠）教授が日本帝国主義の大陸政策の全貌を講ずるのを聴講し、日本の大陸政策に対する強い関心に火が点いた。1934年に早稲田大学を卒業した楊は、日本銀行、安田保善社、三菱商事、南満洲鉄道株式会社の就職試験にすべて合格し、最終的に日本の大陸建設の実際的な活動に参加することを選び、日本帝国主義の最前線である南満洲鉄道株式会社（通称満鉄）に就職し、大連の満鉄本社鉄道部に配属された[57]。

56　楊基振の句。楊基振1949年12月27日の日記、黄英哲・許時嘉編訳『楊基振日記』上巻（台北：国史館、2007年、500頁）を参照。原文は中国語。筆者邦訳。

57　「楊基振自伝」（黄英哲・許時嘉編訳『楊基振日記』下巻、台北：国史館、2007年、680–682

楊基振は学生時代から文学活動にかなり興味をもっており、1933年の早稲田大学在学中に東京の台湾人留学生の文学団体「台湾芸術研究会」の創立に参加し、またその機関誌『フォルモサ』創刊号に、「詩」というタイトルで中国語の現代詩を発表している。

憧憬よ　希望よ
あなたは悲しみに満ちている私の心を楽にさせる
憧憬よ　希望よ
あなたは涙の粒がきらめき輝いている私の瞳を開かせる
ああ
もしもあなたがいなければ
私は今すぐ消えるだろう
美しく装う樹木の緑が陰る刹那に
とろける琥珀のような真夏の夕べに
私の心はたちまち深い悲しみに切り裂かれる
ただ、ひっそりと夢の月影に入る
うすあおいベールのような森がめぐる
じっと私を見つめ
あなたは私の心に歌う
憧憬よ　希望よ
あなたは私に生命の力をくれる
あなたは私の思いを奮い起こす
あなたがいなければ
私は決してこの世に生きていけない
もし墓に入るのならば
私もあなたとともに往きたい…
私はあなたと生死をともにしたい[58]

楊基振は奔放な筆遣いと情感で詩に対する熱狂的な思いを描写している。

頁)。原文は日本語。

58　楊基振「詩」(『フオルモサ』創刊号、台湾芸術研究会、1933年7月、31頁)原文は中国語。筆者邦訳。

文中では繰り返し「生命は誠に貴く、愛情はさらに高価だが、詩歌のためならどちらも捨てていい」ほどの無限の情熱を感じ取ることができる。こうした感情をすべて文字に投影して表現し、即座に感情の思うままに筆を振るう性格は、彼が遺した日記の筆遣いにも垣間見ることができる。しかしこの処女作の後に続いてさらに他の詩作を発表することはなく、たまに日記に現代詩を書き留めるだけであった。1964年に呉濁流が『文藝台湾』を創刊すると、彼はようやく再び作家として筆を執り、一連の現代詩を発表したが、その内容の多くは初恋の相手月嬌と唐山で病死した妻詹氏を悼んだものである。

楊基振は満鉄会社に入社後、1935年10月大連列車区の車掌に命ぜられ、1936年4月には大石橋（大連・奉天間の一等駅）の運転助役、1937年4月には新京駅（満洲国首都でいまの長春）の貨物助役に転任した。満洲国政府の高級官僚養成機関である大同学院で一年の訓練を受けた後[59]、高級官僚の待遇をうけて政治経済の両分野で活躍した。1937年の蘆溝橋事件の後、満鉄は多くの従業員を華北に派遣し、日本軍が占領した土地の鉄道管理と修復作業にあたらせた。この時、楊基振も新婚の妻である詹淑英を連れて新京を去り天津に移った。1938年5月に華北交通株式会社天津鉄路局貨物課長に転任した。1940年に華北交通の北京本社に呼び戻され、1942年に副参事に昇格し、運輸局運賃率主任を任された。本人の回想によると、詹淑英と結婚して華北交通に勤めた8年ほどが彼の一生で最も輝かしい時期であった。副参事に昇任後、彼はわずか2年で華北の8つの鉄道の運賃統一を完成した。これ以外にも、塘沽新港の建設推進や汽車の積載量超過禁止の実行条例を規定[60]して、戦争中の経済開発と民生事業にかなり大きな貢献をした。

華北交通での最後の数年では、楊基振は同時に民間企業である啓新セメント会社の経営にも参画した。戦争中、中国本土には中日合資の企業が多く誕

59　大同学院は満洲国の首都新京（現・長春）に位置し、ここで日本が「満洲国」にかわり高級幹部に訓練を実施した。専門的な訓練をうけ試験に合格した大学程度以上の学生が満洲国の文官になった。学生は満洲人、モンゴル人、朝鮮人、台湾人と日本人がいたが、日本人が最も多かった。訓練内容は各種の戦術・馬術・射撃などを含み、「満洲国」辺境視察の機会もあった。詳しくは許雪姫「在『満洲国』的台湾人高等官——以大同学院畢業生為例」（『台湾史研究』第19巻第3期、台北：中央研究院台湾史研究所、2012年9月、95–150頁）を参照。

60　前掲『楊基振日記』下巻、689頁。

生し、そのなかで中国側の資本もまた徐々に増える傾向にあった。しかし大部分は依然として政府レベルの投資に属するもので、本当の「民族資本」——外国資本企業に対抗し得る中国の民間資本企業はまだ少なかった。楊基振は積極的に民間企業である啓新セメントの経営に身を投じ、自身と日本の官僚との人脈を使って、人事では日本人の介入を排除するよう努力し、中国人主導の状態を維持した[61]。同じ時期、華北交通の内部では日ごとに複雑化する人事問題が楊を非常に煩わせてもいた。1944年11月11日の日記に記す。「交通会社はやはり早く辞めたい。どうも交通会社へ行くと心の平和と人間の真実性の欠乏を感じ実に不愉快である」[62]。1944年11月末、楊は運輸局主任への昇任を知るが、最後にはやはり自主退職を決心した。「今日交通会社のボーナスがおりた。嬉しくもなく悲観もしない。今は唯交通会社を如何にして辞めるか毎日悩みの種である」[63]。1945年3月末に華北交通を辞職し、5月には啓新セメント会社唐山工場副工場長兼業務部長に転任して、終戦を迎えた。

1945年8月に日本が敗れ、9月に重慶から派遣された国民党の接収部隊が唐山に現れた。楊は大いに奮起し、国民党による接収を祝うため自主的に献金し、また工場や倉庫を先遣隊の宿舎に開放し、さらに車や住宅、日用品を接収員に提供した。しかし、このことが逆に彼の不幸を招いた。楊基振の日記には、当時重慶から派遣された官員は腐敗を極めており、楊を羽振りのいい財閥だと思って楊の財産を奪うため、故意に漢奸の罪名を着せて彼の逮捕処刑を企てたと暴露している[64]。12月、楊基振は唐山を離れて北京や天津で公務を処理したが、腸チフスにより大病を患った。彼が北京や天津にとどまっていた間に、接収部隊は彼の唐山の家を包囲し、反逆罪で逮捕しようと企てていた。彼は難を避けるため、再び唐山に戻れなかった。その間に最初の妻詹淑英は不幸にも肺病のため唐山で病没した。危篤から臨終、葬儀が終わるまで、特務の監視のせいで、彼は結局唐山に姿を現すことができなかった。楊はこのことで自らを責め、永遠に彼の心の痛みとなった。

61　啓新セメントの人事問題の運用については、楊基振の1944年10月から11月の日記に詳細な記述がある。前掲『楊基振日記』上巻、28–59頁参照。

62　同上、49–50頁。原文は日本語。

63　楊基振1944年12月7日の日記。同上、62頁。原文は日本語。

64　同上、212–213頁。

中国が抗戦勝利した後、華北に滞在した一年間で、楊基振は人生の最低潮に直面した。家財を悉く失い、漢奸として讒訴され、妻淑英は肺病により唐山で世を去り、失望落胆して窮地に陥った。彼は一家で台湾に戻ることを決めた。日記で彼はこの時の心情をこう記している。「台湾行の船は漸く6月16日に出帆し生れて初めて人生で初めて甲板に寝起きし而も台湾に着く前の夜に大雨に降られ天幕の下に自分は璃莉（楊の次女）と宗仁（楊の長男）をかばって実に悲惨な後悔を味わったのである。嗚呼中国人になる事は斯くも惨めであるか。光復に歓喜し中国人になって喜んだ事が寧ろ可笑しくて狂気じみて感じられた。中国人になった現実的の的苦悩の如何に深刻であることよ」[65]。

1946年6月楊基振は一家をあげて台湾に帰った。戻った翌年に台湾では二二八事件が勃発、彼自身は巻き込まれることはなかった。1947年、当時台湾総商会会長であった陳啓清の推薦により、楊基振は台湾省政府交通処の職につき、後に省政府鉄道局に転任し退職まで働いた。

楊基振は1950年代後半から1960年代の初めにかけて、雷震、齊世英、蔣匀田らと頻繁に交際し、1957年には台中県長選挙に出馬したが惜しくも落選した。楊基振は自身の出馬経験から、雑誌『自由中国』に当時の台湾の地方自治と選挙、民主政治に対する見解を発表した。1960年6、7月の間、楊基振は積極的に『自由中国』雑誌社の組織する反対政党の座談会活動に出席した。後に9月初めに雷震、傅正が逮捕投獄されたことによって、反対政党の組織計画は中断した。楊基振はこのためひどくふさぎ込んだ。彼は9月4日の日記に記す。「17時に英石兄から雷震、傅正、馬経理、劉子英4人が逮捕されたと知らせが来た。反対政党の成立に大きな打撃を受けた。とりわけ雷震先生との友情が私の精神を極度に悩ませる」[66]。10月5日の日記に記す。「3日雷震先生が公判を受けた。彼の陳述書にはひどく感動した。この冤罪は成立しようとしている。私は雷震先生のために悲しむだけでなく、中国人の運命のためにも悲しむ」[67]。

1976年楊基振は鉄道局を退職、1977年にアメリカに移住して1983年にア

65　同上、238頁の「1946年を顧みる」を参照。原文は日本語。

66　未公開の日記。原文は中国語。筆者邦訳。

67　同上。

メリカ国籍を取得し、1990年２月カリフォルニア州にて病没した。享年80歳であった。

２．楊基振の「1949」

楊基振は生前ずっと日記をつける習慣を保ち続け、現在残っているのは1944年10月１日から1990年の病没する前までの日記で、国史館に収蔵されている。2007年にそのうちの1944年10月１日から1950年までの日記が国史館より出版された。日記が書かれた時代は抗戦末期から国民党が台湾に撤退した初期であり、まさしく中国、台湾の政治転換が最も揺れ動いた時期である。

抗戦末期の1944年11月30日、楊基振は日記に記す。「３日間東京空襲が連続され、レイテ島に於ては日本が相当な戦果を挙げたのにも拘らず一般の気分は一入緊迫しつつあるやうであった」[68]。12月８日に記す。「大東亜戦争勃発して早くも３年は過ぎ去って今日第四年目に入った。今レイテ島をめぐって激戦が展開され日米の運命を決定しようとしてゐる。レイテ島の日米の決戦こそ世界戦を支配する重要なモメントであらう」[69]。1945年日本の敗戦の噂を華北地区で聞くと、彼は８月11日の日記に知識分子として合理的な疑いを示している。「朝工廠へ出たら昨日日本が天皇政治の存続を唯一の条件として無条件降伏したる旨重慶放送局より発表ありたるとの事で全廠平和の到来に明朗化した」[70]。８月12日に記す。「日本の降伏はやはり疑問で夜初めてハワイよりの放送をきき其の日本の降伏に関するニュースが多分に宣伝的性質なるをきき益々疑問になって来た」[71]。８月13日に記す。「日本の運命は果してどうなるか、夜もハワイよりの放送をきいたが益々宣伝的に看取され愈々迷ってしまった」[72]。８月15日に至り、日本が正式に無条件投降したニュースが発表され、ようやく確信を得た。楊基振は８月15日の日記に興奮して記す。「日本に対する少時よりの敵愾心は自分を駆って大陸に心をはせしめそして自分の目で日本の降伏を見たのである。斯くして故郷台湾は

68　同上、58–59頁。原文は日本語。
69　同上、62頁。原文は日本語。
70　同上、178頁。原文は日本語。
71　同上。原文は日本語。
72　同上、179頁。原文は日本語。

50数年振りに中国に帰り今後祖国の抱擁に永かりし辛き運命が解放された。夢かと嬉し涙にくれた」[73]。抗戦期間華北に居住した楊基振や台湾人からすれば、台湾人は中国と日本のはざまにあり、この矛盾した心理状態は楊基振の日記にも自然と表れている。抗戦末期には彼は日本戦敗の知らせを相当疑って、これがただのデマであることを期待したようだ。抗戦が勝利するに伴い、すぐに心境を整えて事実を受け入れた。しかし一方で、当時居住していた華北の台湾人はこれによって台湾の身分が自身の身を危うくするのではと心配した。同時にまた和平の到来とともに物価が高騰し、商売をしていた台湾人は莫大な経済損失を被った[74]。

楊基振は1946年初夏に台湾に戻った。翌年二二八事件に遭遇したが、彼自身は連座することはなかった。1947年1月1日から4月9日までの日記に記す。「二二八事変は台湾の徹底的惨敗に終わったのである。我々は確かに戦ひに敗れたのである。然し子を失ひ、親を失し、そして夫を、兄弟を失って残りし幾多の遺族更に親しい友達を失った。幾多の同胞は今後祖国に対し陳儀の一派に対しそして外省人に対し其の永遠に消え得ざる心傷をどうしませう。最早台胞と祖国には大きな溝が出来てしまったのである。国民党は我が最愛の妻淑英を間接的に殺しただけで蔣主席にあれだけの尊敬をして来た自分も国民党に対し不倶戴天の敵と考へ得ざるを得なくなった。そして此の国民党に依って組織されてゐる台湾の長官公署に対しても自分は積極的に協力する意思が全然ない」[75]。この他、日記では自身の満洲国の経験と戦後初期の国民政府来台時の統治情況を比較している。「顧みる満州国成立して間もなく自分も丁度満州に居て同窓、先輩、同僚等が零下数十度の極寒をものともせず、各地に蟠居せる義勇軍、土匪の恐畏も顧みず大きな書類と地図をもっては日夜の別なく満州国の建設に如何に真面目な態度で之に当たったか！　然るに今日台湾官の吏は徒らに高位高禄を占めて専ら自分の栄達と私利の貪求に余念なく異民族たる日本人の漢民族に対する態度と同民族たる外省人の台胞に対する態度を比較、対照すると転々感慨無量で涙を禁じ得ない。（略）台胞は忍び得ざるして到頭立ち上ったのである。2月28日より3

73　同上、180頁。原文は日本語。
74　詳しくは同上185–186頁の楊基振1945年9月11–17日の日記を参照。原文は日本語。
75　同上、249–250頁。原文は日本語。

月8日迄の十一日間台胞は実に勇敢に而も秩序井前(ママ)として戦ったのである。唯、指導層の政治認識の欠如、特に中国官僚のづるさに対する不認識等よりして3月9日より未曽有の惨劇は美しき郷土に醜しき鮮血を染めたのである。3月8日の夜国内から発遣兵が到着するや直ちに戒厳令が宣告され9日朝より手当たり次第、人を見次第官兵は民家を破壊し民衆を殺戮したのである。何と呪はしい運命の訪れてあることよ!(略)政府官兵は悪魔の如く政府官吏は狂人の如くに台胞に同情しつつも終ひに如何ともし難しかった。漸く3月14日に白崇禧国防部長が来られてから虐殺は終止若しくは頓化したのである。然れども白部長も事変の原因を政府の代弁者の如く五十一年の奴化教育に依る無頼の徒の仕業なりと訓示放送し、17日対全国放送を来て真因を曲解し陳儀の留任運動をなし或ひは政府に謝罪して事実を枉げたる通電を全国に発するを見て慨嘆に堪へず」[76]。

楊基振は国民政府に対する不満を募らせていたが、一方で台湾に戻ってからは積極的に官職を得ようとしている。これについて彼は自身ある特別な考えを持っていた。「勿論自分が官吏になる事は決して中国社会の一環たる土台をよりよくしたいとの希望からであるよりも台人が官吏を崇拝し、目下自分の一番当面してゐる婚姻の解決はやはり官吏になった方は早道だとの結論を得たからである。自分は斯の如き低級なる政府——淑英を死なした国民党の政府と協力する考へは毛頭ない。勿論台湾の政府がよくなり人民の生活が改善される事を望んで息まない。然し此の改善を自ら乗り出してしたいとの意欲は更にない。官吏たる自分に於て出来れば閑職で地位が高く換言して言へば婚姻を成立するに人を眩惑する程の地位が欲しい。結婚が成立したら同時に官吏を辞めでもよい。我等の理想政府が成立する迄自分は野にありたい。野にあってもっと民衆と接触したい」[77]。楊基振は極めて利己的な考えを示している。あわせて台湾が中国社会の一部であると考えている。戦後、楊基振の兄楊肇嘉は国民政府から重用され、台湾省政府委員、民政庁長に就任した。さらに楊基振自身中国での経験と流暢な中国語を話せることから官界で活躍し、当時政府の要員と接触する機会があった。しかも彼は当時の時局にもかなり関心をもっており、個人的見解と感想を日記にも多く記して

76 同上、248-249頁。原文は日本語。
77 1947年「1月1日到4月9日」の日記。同上、250頁。原文は日本語。

いる。

1947年12月25日、中華民国憲法が実施された。1948年4月19日の日記に楊基振は記す。「中華民国第一大総統には2,430票で蔣介石が当選した。早くも予想した人々が全市で慶び祝っている」[78]。この月末、国民大会は「全国動員戡乱案」を通過させ、国共内戦、中国国内の局勢は日増しに厳しくなった。8月楊基振は省政府交通処から省政府鉄道局総務処副処長に異動し、11月にはまた鉄道局私鉄監理委員会副主任委員に転属した。いずれも閑職であり、楊基振は鬱鬱として辞職を考えたが、「厳しい情勢についていけないのでどうしようもない」[79]と日記に書いている。12月蔣介石は新疆、西康、青海、台湾、西藏を除く全国に戒厳令を布いた。

1949年1月1日楊基振の日記は記す。「今日蔣総統の告示を読んだ。彼は下野して和平を求めるつもりだが、こうした今年の政治の変化はいまだかつてないことだろう」[80]。この数日後の日記は友人と時局の問題を討論したことを記すものばかりである。1月18日の日記「『新聞天地』を読む。時局の変化を的確にとらえることができない様子だ」[81]。1月22日の日記「蔣総統は昨日また下野した。李宗仁が総統について、和平統一ができるのかどうか?」1月23日日記「国民党によれば、中共に提出した八条件はすでに受理されたらしい。和平は実現するだろう」。1月24日日記「今日各界の名士は皆和平が成立する見込みだと話している。台湾の運命は新政府に接収されることもあり得る。すべてはこの運命の配置にかかっている」[82]。日記には時局に対して不安で仕方がない様子があらわれている。しかし同時に相変わらずトランプをしたり、外食や映画に行ったり、のんびりとピクニックをするなどの一面も綴られている。同年4月国共和平協議が開始されたが、破談になるに伴い、同月共産軍は長江を越えた。5月8日楊基振は日記に記す。「今日日本のラジオによると、上海はすでに共産軍に攻め落とされた。政治、経済の一切は皆大きな変化があり、蔣総統も台湾に到着した。物価も変動してい

78 同上、371頁。以下の引用した日記は原文はすべて中国語で筆者邦訳。
79 1948年11月10日の日記。同上、425頁。
80 同上、437頁。
81 同上、441頁。
82 同上、442頁。

る」[83]。5月28日の日記「上海が昨日完全に陥落した。時局はますます緊張している」[84]。8月、楊基振は友人に静観的態度をとるのではなく、新中国、新台湾建設のために努力すべきだと勧めた[85]。さらに廖文毅が香港で進める台湾委任統治運動はあまり実現の可能性はないと考えたが[86]、国共和平協議は実現できると期待していた。国共和平協議での新政府成立に反対していなかったようだが、しかし時局の変化は完全に彼の予想を超えていた。10月1日中共が建国した当日の日記はまったく国事には触れていない。10月13日の日記「苦しいことに今日広州が陥落した」[87]。10月19日「最近の台湾の地位について、巷で議論紛紛であるが、私はとても悲観している」[88]。12月7日中華民国政府はついに台北に遷都した。15日、行政院は呉国楨を台湾省主席に任命した。12月16日から31日までの楊基振の日記には毎日楊肇嘉に伴い政府要人と面会したことが記されている。友人と楊肇嘉が省政府に加わって省政府委員に就くかどうかを話し合っており、日記には呉国楨が楊肇嘉を省政府に招いた事が書かれている[89]。彼は個人的に呉国楨が台湾省主席に就任したことを支持していたが、当時国民政府は台湾に移ったばかりで、内外政局は極めて不安定で、人事は糾紛し激しい闘争により非常に複雑であり、楊基振は悲憤して日記に記す。「この国家はきっと崩れるに違いない。今となっては、ただ利を顧みるのみ」[90]。国民政府が1949年に台湾に移った初期の証言をのこした。

国民政府の台湾に移った後、楊基振は功を為そうと思ったようで、1950年4月彼は国府の要人張群を訪ねた際、自身の著作「台湾経済建設論」を張群に進上した。一、経済建設と就業に関する一般理論、二、台湾経済建設上の特質、三、各事業体の人員離散状態、四、台湾経済建設上のいくつかの要因[91]。自分の意見を述べて、国府の台湾に移った後の初期台湾経済政策と社

83 同上、465頁。
84 同上、468頁。
85 1949年8月4日の日記。同上、478頁。
86 1949年8月22日の日記。同上、480頁。
87 同上、488頁。
88 同上、489頁。
89 詳しくは1949年12月16日から12月31日までの日記を参照のこと。同上、498–500頁。
90 1949年12月27日の日記。同上、500頁。
91 この論文は後に『旁観雑誌』第五期（1951年3月16日）に「論台湾経済建設與就業問題」と

会政策の施政の一助となることを望んだが、更なる検証が必要とのことで結局は採用されなかった。同年5月、楊基振は廖文毅の海外台湾独立運動に連座して、刑警総隊に召喚され尋問を受けたが後に無事釈放された[92]。彼は嘆く。「この思わぬ災難をみるに、中国人としての生活は本当に災いがどこから来るかわかったものではない」[93]。「最近すべてが思うようにいかずとても悲しい。前途は困難で政治的地位が得られないだけでなく、家計すら日々困窮している」[94]。6月に朝鮮戦争が勃発すると、楊基振はほっとした様子で6月28日の日記に記す。「今朝アメリカが共産党を阻止するため第七艦隊に台湾の援助を命令したと報道された。これで台湾が共産党の侵入から逃れることができるかもしれない」[95]。8月、彼は職場の鉄道局長から国民党に加入するよう言われたが応じなかった。彼はずっと自分の元妻の唐山での死は国民党による間接的殺害だと考えており、またその目で二二八の惨状や、戦後初期の台湾政界内部の激しい争いを目撃し、国民党に好感を持っていなかったからだ。その後退職するまで鉄道局での閑職の地位に終わった。1950年代後半から1960年代初めまで楊基振は雷震、齊世英、蔣匀田らと頻繁に交流し、台湾解厳期の短命の民主化運動に参加した。

楊基振は日本の植民地である台湾の出身で、またかつて日本に留学したこともあるが、「中国」という土地とそこでのさまざまなことに対して複雑な気持ちも抱いている。上述したように楊基振は戦前から戦後に至るまで一貫して中国に対してかなり大きな展望を抱いていた。それは決して重慶や延安へ行き直接的に抗日運動に従事することではなく、おそらく「曲線救国」の心情を抱いて東北や華北へ行き日本の大陸建設に献身することであったのだろう。日記にみられる慷慨激昂の語句からは、ときに「祖国」中国に対する情熱を窺うことができる。二二八事件の後ですら、彼は依然として中国に対して関心を持ち続けていた。これは彼が日記に「夕飯の後、碧蓮（再婚した妻）を連れて『明末遺恨』という映画を観に行った。彼女に中国の歴史に関

改題して発表された。前掲『楊基振日記』下巻、727–734頁。原文は中国語。筆者邦訳。

92　詳しくは1950年5月29日の日記を参照のこと。前掲『楊基振日記』上巻、526頁。

93　詳しくは1950年5月30日の日記を参照のこと。同上、526頁。

94　詳しくは1950年6月24日の日記を参照のこと。同上、530–531頁。

95　詳しくは1950年6月28日の日記を参照のこと。同上、531頁。

心をもってもらいたい」[96]と書いていることからもわかる。この時の楊基振は中国という土地に依然として変わらぬ思いを抱き続けていたのだ。しかし彼の元妻の唐山での死が間接的に国民党による殺害であったため、彼は日記の中で告白する。「国民党は間接的に我が愛する妻淑英を殺した。蔣主席はとても尊敬するが、やはり私は国民党に不倶戴天の恨みを持っている」[97]。ほかにも彼はその目で二二八事件前後の国民党の醜悪さと戦後初期の台湾政局の混乱を目の当りにして、自ら国民党に対して好感を持てなかった。国共内戦での生死の戦いの時には、彼は国共和平協議が実現できることを期待し、国共和議下での新政府の成立に反対していなかったようだ。国民政府が挽回できなくなってから、彼は憤って「この国家はきっと崩れる」と言うことしかできない。もちろんここで言う国家とは中華民国を指し、国民政府が1949年に下した結論である。彼は台湾の委託統治と独立には反対のようだった。1950年代以後、彼は依然として明確に中国人を自認しており、1960年代に雷震、齊世英、蔣匀田らが主導する戦後の台湾で最初の民主化運動に参加している。

Ⅳ. 結語

フランスの近代文学評論家ベアトリス・ディディエ（Béatrice Didier）は『日記論』の中で、歴史社会、精神分析、文学的性質の三つの観点から日記の意義を解釈している。日記に向き合うときのさまざまな視覚面での可能性を緻密かつ豊富に詳述している。彼女は日記の体裁についての分析で独創的な見解を展開する。彼女は言う。「エクリチュールのメカニズムは日記と自伝では根本的に異なる。日記は不連続の記述形態に属する。記憶は自伝を有機的に組織し、特徴的なリズムをあたえる」[98]。つまりこのような不連続の記述方式によって、日記には常に作家の優柔不断で、思い悩んで二の足を踏む性格があらわれる。そのイメージを、ディディエは「まだしゃべれない赤ん

96　詳しくは1948年４月15日の日記を参照のこと。同上、370頁。原文は中国語。筆者邦訳。
97　詳しくは1947年「１月１日到４月９日」の日記を参照のこと。同上、253頁。
98　ベアトリス・ディディエ（Béatrice Didier）著、西川長夫・後平隆訳『日記論』（松籟社、1987年、６頁）。

坊」[99]と称し、これは前一言語期、前一文字期にとどまり、いまだに標準的なことばと意味を用いて完璧に訴えることのできない断片的な表現のひとつであるという。

呉新栄と楊基振の日記にもこのような前後不一致で、決断できない矛盾した性格があらわれている。例えば呉新栄の戦前、戦中、戦後の日記における吐露的心情と同様に、楊基振にもこのような現象がある。彼の日記はしばしば日本人への不満に溢れ、それは嫌悪ともいうことができる。たとえば、日本の敗戦後、日本人が啓新工場からいなくなったことを楊は日記に何の憚りもなく痛快だと述べている。「今日、日本の軍隊はアメリカ軍の命令で全て撤退した。工場には一人の日本人もいなくなった。とても痛快だ。日本人とは満鉄と華北交通で十一年一緒に仕事をしたが、日本人が啓新にやってきたのは気に入らなかった。中平顧問や潮顧問、何とかいう日系警備隊がいたし、それから大使館情報課の三原課長が派遣してきた華東警備隊や、一四一四部隊中島隊長が派遣してきた特務隊もいた。日本が投降した後は、まず二人の顧問を解約し、華東警備隊、日系警備隊、特務隊を解散させ、後には日本駐軍だけだった。今日からは全く日本人がいなくなって、工場は明るくなった」[100]。しかし、彼には親しい日本の友人数人と、あるいは華北の日本人軍警のなかには尊敬の念を抱かせる者もおり、彼は折にふれ日本人の戦後の情況に同情を漏らしている[101]。この他、いつも元妻淑英の死を思い、国民党をひどく憎悪していたと言える。奇妙なことに蔣介石に対する言及では彼は一貫して尊敬を表している[102]。

ディディエは日記の功能をこのように論じる。「作者が日記に頼るのは迷いがあって、自分の苦悩を紙に打ち明ける必要があるからだろうか。それとも日記をいわば証人にして、決心しなければいけないと繰り返し書きつけることによって遂には決意できるだろうと期待しているのか」[103]。どちらでもないのかもしれない。ディディエは別の見解も示す。「優柔不断になるのは、

99　同上、123頁。

100　詳しくは1945年11月14日の日記を参照のこと。前掲『楊基振日記』上巻、199頁。原文は中国語。筆者邦訳。

101　詳しくは1945年10月28日の日記を参照のこと。同上、195頁。原文は中国語。筆者邦訳。

102　注97に同じ。

103　前掲『日記論』123頁。

まさに日記に頼るからなのである」[104]。まさにこのような優柔不断を断片的な日記の形態に訴えることによって、作家たちは文字の間を動き回り、現実と理想のなかで繰り返し自我を弁証することで、新たな自我を広げていくことができたのだ。以上のことから、複数のキャラクターで日記のなかを行ったり来たりする呉新栄や楊基振のその性格に、このような浮動性と不連続性を備えていることが理解でき、この定まらない多元的な思考は煽動されてあらわれたのではなく、彼ら自身が理智で判断し感情に任せたからであり、本当の自我表現であるということがわかる。このような多重の人格表現と個人的意見は、従来の単一アイデンティティの絶対的な属性を打破し、人物像と政治傾向を分かつための一つの思考モデルをもたらした。日記の体裁自体が持つ可信性、閉鎖性と結びついて、「個人」を主体として再出発することで、読者は、戦前から戦中、戦後に至り、1949年の国民党大撤退といったこの一連の歴史の大転換期に、台湾の作家や知識分子がさまざまな政治問題や社会紛争に多元的な思考傾向と矛盾性、自主性をあらわしたことを覗き見ることができる。呉新栄と楊基振の「1949」に、我々は個人の歴史が世界の歴史発展の揺れを受け、同時に世界史の流れの中で個人が期待し、もがき、順応し、摸索した歴史を見た。非常に諷刺的なのは、1949年以後呉新栄と楊基振は慎重に身を守っていても、完全に政治の束縛から逃れることはできず、1954年の台湾の白色テロ時期に日和見主義を願った呉新栄は李鹿案[105]に連座して4カ月投獄された。楊基振も1950年に廖文毅の海外での台湾独立運動に連座して尋問を受け、1950年代末から60年代初めに関わった台湾民主化運動も失敗に終わった。あの時代、自嘲的な日和見主義者になることは、あるいは民主主義者を願うことと同様に非常に困難であった。このほか、呉新栄と楊基振は日記のなかで常々自らをそれぞれ漢民族の台湾人、中国人であると称している。イギリス人の歴史学者トニー・ジャット（Tony Judt, 1948–2010）の説を借りて言えば、これもまた「ケトマン」（Ketman）という現象であるかもしれない。これは一種の選択的なアイデンティティの状態のことである。思想と行為においてこの技術に精通するだけで、あること

104 同上、123頁。

105 詳しくは張炎憲主編、張炎憲、王逸石、高淑媛、王昭文訪問紀録『嘉義北回二二八』（台北：自立晩報、1994年、202–216頁）を参照されたい。

を口にしながら別のことを信じることが難なくでき、統治者が提示するどのような要求にも自在に応じることができるが、同時にまた心の中のどこかで自由思想者の自主性を保持していると信じ、あるいは少なくとも他人の理念や命令に従うことを自分自身が自由に選択したと信じていることである[106]。日本統治初期から戦争期、1945年の国府台湾接収、1949年の国府大撤退、1987年の国府による戒厳令廃除の発令を経て、台湾民主化に向かって歩み、二度の政権交代を経た現在の台湾において、台湾人のなかにアイデンティティの選択にいわゆる「ケトマン」現象があらわれているかどうか、さらによく検証していく必要がある。

106 東尼・賈徳（Tony Judt）『山屋憶往——一個歴史学家的臨終自述』（台北：左岸文化、2015年、227頁）。なお、日本語版は森夏樹訳『記憶の山荘——私の戦後史』（みすず書房、2011年、205頁）。

『大旅行誌』にみる二つの植民地主義

――悪しき西洋型と善き日本型――

岩田晋典

はじめに

東亜同文書院を安直に“スパイ学校”と見なす否定的なイメージは依然として根強いものの、その歴史的役割を中立化し、客観的に研究対象と位置づける営みは集積しつつある。たとえば大調査旅行研究のパイオニアである藤田佳久は折に触れて東亜同文書院のビジネススクールとしての側面を強調してきた[1]。

その一方で、具体的に東亜同文書院の書院生自身が帝国日本のアジア進出や植民地化、侵略戦争をどのように捉えていたのかという問題については、堅実な研究も存在するものの[2]、全体としては蓄積が十分にあるとは言いがたい。本論の分析対象となる『東亜同文書院大旅行誌』（以下『大旅行誌』）シリーズの全文で、愛知大学学長（当時）がわざわざ「当時の風潮を反映して、中国や中国民衆に対する差別的な表現が散見される」［東亜同文書院 2006］と断っていることが示すように、『大旅行誌』の旅行日誌には中国をはじめとする旅行先での実体験が、好悪の双方を含めて、赤裸々に記されている。20世紀前半の日本人エリート予備軍が東アジアの地政学をどう捉え、どのように感じていたのかという問題には検討の余地が大いに残されている

1　たとえば、東亜同文書院を概説したブックレットの［藤田2007］や、香港のテレビ局が荒尾精をスパイとして描いたことを批判的に紹介した［藤田2012］など。

2　たとえば最近のものとしては、香港での大調査旅行に注目し、書院生のアジア主義について検討した［加納2018］がある。

と言ってよい。

そこで本論では、その営みの一環として『大旅行誌』における植民地の記述のされ方に注目し、書院生の植民地主義について考察したい。分析の方法としては、「植民」(「殖民」も含む)という語彙に注目して、「植民地」、「植民政策」、「植民都市」など「植民」が含まれる箇所を抽出し、その意味内容の把握を試みる。以下本論では、こうした「植民」を用いた諸々の表現を植民地的語彙と呼ぶこととする。植民地的語彙に注目することによって、多少乱暴かもしれないが『大旅行誌』を全体的に見通し、台湾の事例を参照しつつ植民地に関する書院生の考え方を探るのが本論の目的である。

『大旅行誌』の中には、集合的な人の移住といった基本的な意味で植民地的語彙が用いられるケースも存在する。たとえば、“満洲地方のある都市が漢民族の「植民」によって形成されて今日まで至っている”というように、その地の歴史的な云われを説明する際に用いられる場合などだ。

だが、それをのぞけば、『大旅行誌』で植民地的語彙が使われるケースは、第一に欧米や日本の列強諸国が他国を統治する技術、第二にその結果生じる文化的混交、第三に欧米による不当な支配(への批判)、という三つの意味合いに大別できる。そしてこうした傾向を台湾の事例に当てはめると、書院生の記述の中に二種類の植民地主義が表現されていることが分かる。

植民地的語彙の用いられ方が時々の時代背景の影響を受けるのは当然であるし、植民地統治に対して個々の地域が有する政治文化的文脈にも看過できないものがあるが、先に断ったように、本論ではむしろ大旅行が行われた約35年間を総体的に扱うこととする。たとえば、1932年の満洲国建国は、満洲国だけに限らず書院生の植民地全般への関心を強く喚起した出来事であった。つまり、満洲国の建国は植民地言説の編成において重要なメルクマールだったと言える。しかしながら、こうした個々の社会的・政治的状況との関わりについては、本論では適宜言及する程度に留めることとしたい。

Ⅰ．近代的統治技術としての植民地政策

1．西洋の統治への評価

言うまでもなく、書院生がアジア各地で大調査旅行を行ったころには、す

でに西洋諸国は中国大陸とその周辺地に進出していた。そのため、『大旅行誌』の中で植民地的語彙は、特定の地域の固有名詞あるいはそれに準ずるもののように用いられたり、その土地のアイデンティティを簡潔に表現するために使われることもあった。たとえば「海峡植民地」や「英国植民地香港」、「ポルトガルの植民地マカオ」、さらに日本領有前の青島を「独植民地」と呼ぶ例がある。

書院生は、さまざまな植民地を訪問し、行く先々で植民地統治という近代的な技術についての見聞を広めている。肯定的な評価が頻繁に与えられたのが、帝国日本が国造りにおいてモデルとした英国の統治である[3]。第10期生（1912）は、香港を訪問し、ビクトリア・ピークから港湾を一望した後で次のように述べている[4]。

> 此壮大なる貿易港を自由港とせし英人の雄大なる気象（ママ）と、墓標と鍋釜とのみを携へて至る所殖民地に成功せし英国人の精神を思へば共に敬慕に堪へざるなり。［大旅行誌6: 260］[5]

同じように、第14期生（1916）は香港の大きな道路、テニスコートをそなえた邸宅、ピークから見た港湾を賞賛して、「英人の気宇の大なるに賛美の言を発しないで居られようか」［大旅行誌10: 314］と感嘆している。第28期生（1931）も伝染病の島にすぎなかった香港が英国の統治によって繁栄を極めたことを、「天使と雖も満足をあたへる事が出来なかつた香港は英国の王冠中最も燦ける宝玉となつた」［大旅行誌23: 74］と讃えている。

書院生にとって、舗装道路というインフラはその土地の発展度合いを測る指標であったようだ。英領のマレー半島を訪問した第36期生（1939）は次のような賞賛を残している。

> 道路のある所、必ず住民蝟集し、経済が営れるは原則である。前人未踏

3　香港については、書院生の香港記述から彼らが英国植民地をどのように経験したのかについて多角的に考察した［塩山2017］や［塩山2018］、また、前注で引いた［加納2018］を参照されたい。

4　丸カッコ内の西暦は当該書院生の調査旅行年を指す。以下同じ。

5　『大旅行誌』シリーズにかぎり、出典は［大旅行誌　巻番号：ページ数］というように記している。

のジヤングルを切り開いて建設せられた苦心たるや想像に余りがある。が是あつてこそマレーの開発が長足の進展を遂げ、植民政策の能率を高めて、彼等英人の搾取的本能をして将来に満足を与へるべき礎となつたのである。百年の計を樹つるに、唯目前の利益にのみ固執して、将来への進歩速度を考慮に入れぬとは、逕庭あるといふもの、真に彼英国者流の政策の打算的なると同時に、学ぶべき諸点あるを歎ずる。[大旅行誌31: 422]

英領以外ではオランダの植民地統治もしばしば評価されており、そこで彼らが注目するのも道路である。第30期生（1933）は訪問先のジャワ島でオランダと英国の統治を次のように併置している。

爪哇の道路は世界でも有名で爪哇島中に二万哩も有り数千尺の山頂まで全部アスフアルト敷きの八間道路である。是は和蘭殖民政策の特色で英国の銀行政策と並び称せられて居るものだ。[大旅行誌25: 477]

こうした高評価とは対照的に、フランスの植民地統治はもっぱら批判の対象となっている。上海から香港そしてハノイまでの沿岸部を往復した第18期生（1920）の記述には、英国とフランス二つの統治についての興味深い比較がある。

まず英国は、「東洋では尤も非衛生的であり且つ不健康地と見做され、ペスト、コレラの為に人命の奪はるる者が夥しかつた」香港を「アングロサクソンの不屈不撓絶大なる努力奮闘と、其の後に擁する豊冨なる財力」でもって「今や世界に比類なき美景の島」に変えたのであるが［大旅行誌13: 452]、フランス人は「何処までも享楽の民」［大旅行誌13: 458］であり、その「国民性」は「英国の如き堅実な努力がない」［大旅行誌13: 459]。さらに英国については、

私は英国のこの香港経営を為すに当りて大なる努力と、財力とを、惜まざりし彼の殖民政策実現に対して、あく迄斃れて後止むの後精神大気概のあるのは、流石大国民たる英国なるかなと大なる敬意と深き尊敬とを払ふに吝かならざる者である。[大旅行誌13: 452–453]

と褒めちぎるのに対して、フランスについては、

> 仏の植民政策は余りに吸利主義である。彼等は植民地を撫育することを知らぬ。資本家は巴里のオペラの中で青い酒に酔ひながら、植民地の利益を捲きあげて了ふ。従つてその植民地経営に於ても英米のそれの如き発達を見ない。この河内もやはりその例に洩れない。[大旅行誌13: 459]

と酷評している。こうした否定的な評価の背後には帝国日本に対するフランスの敵対的な政策もあったようだ。以下は第33期生（1936）の弁である。

> 外国資本の投資を極端に防止する仏の保守的植民政策により、肥沃広大なる東京の大原野は、今日尚未智な安南土人の手により耕作されてゐるに過ぎず、其の他幾多の豊富な天然資源を有しながら、未だ何等の開発も見てゐない。我が国の対安南貿易は、仏の禁止的高関税により、我が商品の輸入は殆んど不可能で、貧困の土人達は、数千哩の彼方ヨーロッパより運ばれる高価な商品の購買を余儀なくせしめられてゐる。[大旅行誌28: 492]

2．欧米を参照点として

広く知られているように、後発の帝国であった日本にとって、こうした近代的統治技術、あるいはそれを使用する場としての植民地は、欧米と技術力を競う近代空間であった。

書院生が「欧米に対して日本はリードしている、優れている」と捉えれば、日本の統治は肯定的に描かれるし、逆に「遅れている、劣っている」という認識になれば、否定的な語りになる。そして全体として見ると、後者のほうが断然多い。言い換えれば、日本の領土や勢力範囲内について植民地的語彙が用いられるとき、大抵の場合ネガティブな記述となっている。この傾向は、『大旅行誌』全体において確認できるものだ。

まず肯定的な記述についてであるが、否定的なものより少ないとしても、台湾や大連に関する部分で目にすることができる。とくに台湾について顕著だ。第16期生（1918）の両広湖南班は「憧れの地台湾」を訪問し、次のよ

うに帝国日本の植民地経営を自画自賛している。

> 今日植民地の経営の古参者たる英仏が吾が台湾経営を始めたのを怪しんだのが変じて賞賛に化したのは吾人の誇りとするに足る、従来西洋人は吾東洋人に植民地経営の能力無きものとして早合点をしてをる矢先、日本が東亜の代表として見事に台湾経営の歩を進め亜細亜人のために気を吐いてこの断定を裏書したのは痛快事である。[大旅行誌12: 298–299]
> 台北の町に就いて述れば、全々新設市街にして、邦人の都市経営としては完全に近い、市区は整然として、アスファルトの大道が四通八達し其両側には規則正しい同型のル子ツサン式の建物がズラリと並列しておる所などは、上海香港でも見られない［大旅行誌12: 299］

次に、否定的な記述は、大きく三つのテーマに整理できる。娘子軍、“植民地者の投機的場当たり的行動様式”、そして“植民地における文化の不在”である。

娘子軍についての記述は頻繁に見られ、枚挙に暇がないくらいだ[6]。1908年に華南を旅行した第6期生は、「天草島原の娘子軍が香港の湾仔を参謀本部とし南清より南洋へかけての活動」に従事しており、「外国の殖民は宣教師によりて其の緒を出し我国の移民は淫売婦諸姉によりて導かる」と嘆き混じりに記している［大旅行誌2: 32］。第12期生（1914）の報告によれば、ベトナム・ハノイの総人口15万のうち「邦人一百余と称するも正業に在るは其の一部他は我国特殊殖民政策の先鋒娘子軍」である［大旅行誌8: 274］。

第14期生（1916）は山東省博山を訪問した際、同地に娘子軍が入っていないことを評価しつつ、「常に娘子の褌を押し立てて進む日本人式殖民」［大旅行誌10: 374］と帝国日本の海外進出を揶揄している。また、第28期生（1931）は、こうした皮肉よりも一歩踏み込んで、娘子軍の存在を「海外発展」の失敗要因の一つに挙げている。

> 今迄の日本の植民政策が、労力ばかりを海外に出して資本の背景を持たせてやらず、而も無智な労働者や娘子軍の渡航が多かつたので、折角の

6　『大旅行誌』における娘子軍の記述については、満洲地域のそれに注目した［荒武2017］の論稿があり、とくに軍隊と娘子軍の関係が論じられている。

海外発展も予期の成功を収め得なかつた。［大旅行誌23: 619］

第二のテーマ、日本人植民者の投機的場当たり的行動様式については、第14期生（1916）が「情けない殖民地気質」と題して残している一節を紹介しよう。

> 青島は陥落した殖民地へ行けば金儲けの蔓が転がつて居る様に考へた内地の人や、台湾や朝鮮満州あたりで失敗した徒手空拳党が火事場泥棒の様に秩序の紊乱に乗じて何か一仕事せんと目論で皆青島へ山東へと流れ込んだ。（中略）「英国の殖民地には算盤の後に国旗が従ひ、日本の殖民地には国旗の後に算盤が随ふ」と某経済学者は説破したが残念ながら我が殖民地では常に此の情勢にある、然もその算盤たるや甚だ不完全な算盤であるのだ［大旅行誌10: 509］

ここでは、無計画性は日本人植民者大衆とともに帝国日本にも向けられている。後続する箇所でも日本人植民者が「一時的金儲の手段として殖民地に来て働くに過ぎぬ」と形容されている［大旅行誌10: 509］。

目先のことしか考えない日本人植民者が多すぎるという現状認識を前に、単に嘆いたり批判したりするのではなく、建設的な提言じみた語りが現れることもある。書院生自身ではなく旅行先で出会った人物の言葉であるが、第40期生（1942）の一人は以下のようにそのやり取りを残している。

当該書院生は広東で領事や先輩と面会し、植民地統治政策について考えを聞く。そのうちの一人は、英の植民地政策はすでに古く、それに代わる新しい別のもの（その行き着くところが「大東亜新秩序」）が必要なのであるが、「現実の問題として、英国が過去百年に亘つて取つて来た政策以上に出る事が出来るであらうか」と問題提起する。同人物によれば、そのためには、尊敬が向けられる上位の立場から支那人に接する（「上のベースに立つ」）べきである。「上のベースに立つ事は、勿論支那人を圧迫する事でもなければ、大東亜新秩序建設てふ聖なる理想に抵触するものでもないと思ふ」［大旅行誌33: 350］

けれども同人物によれば、問題は日本人の側にある。「眼前の小利獲得にキウキウたる我利我利亡者共の何と多き事よ」という状態であり［大旅行誌

33: 349]、「同じレベルに於いて支那人と接触又は競争せんとして敗れた人達」ばかりなのである［大旅行誌33: 350］。この状況の改善策として彼は、「結局は植民地の生活をカムフオタブルにする事が植民政策の根本原理だと思ひますね」［大旅行誌33: 350］とまとめている。それに対する第40期生の答えは「何時もの事乍ら学生気分の抜け切らない先輩の侃々諤々の理論を嬉しく聞き、たそがれ迫る頃宿舎に帰る」というものであった［大旅行誌33: 350］。

第三が、植民地における文化の不在である。不在に対する嘆きは、上記二つのトピックと一緒に言説化することも珍しくない。たとえば、第18期生（1920）は沙市滞在中に次のように、“日本人の娘子軍、料理屋”と“西洋人の公園、乗馬”を対比しながら、帝国日本の植民政策を批判している。

> 我国の移民が至る所で排斥せらるるは政治上経済上の種々の原因もあらうが又一半は島原天草の娘子軍を先頭に内地にて生活に窮したる劣敗者が移民するに依り至る処にて風紀を紊し警察の厄介になる者多くなり、漸々と外人より排斥せらるるに至るのである。故に今後はどしても選錬された学問のある多くの人を送り、着実なる風紀と善良なる習慣を形成し以て日本人の真価を公告せねばなるまゐ。［大旅行誌13: 157］
> 一体日本人は殖民地に於ては娯楽の設備少く高尚なる趣味の涵養に重きを置かぬ。従て茶屋料理屋に発展する。邦人の少し居れば必ず料理屋はある。日本の植民地開拓の先駆者は実に娘子軍である。身体は害するし性質は粗暴になる。率ひては日本人の排斥の声も起る。此の点に於ては西洋人は余程注意しておる様に見える。公園を作る、コートを作る楽器を設備する殊に日曜等には乗馬をやる。如此くして彼等は元気に愉快に殖民地生活を送るのである。［大旅行誌13: 158–159］

また、済南を訪れた第13期生（1915）は、イギリス人が設立した博物館やドイツ人が運営する病院を目にして、次のように嘆いている。

> 濡手に粟的の日本人とは雲泥の差がある。種を播かねば実は得られないと云ふ事を知らない日本人に何ぞ殖民地の経営が出来やう。［大旅行誌9: 490］

Ⅱ．文化の混在・混交

『大旅行誌』で植民地的語彙が用いられる際、それが西洋や日本の文化が混在あるいは混交している状態、あるいは混交が生じている場所という意味になっていることも珍しくない。

植民地における複数の文化の混在、多民族の共生を記した例として、大連の街の様子についての第25期生（1928）の描写を紹介しよう。

> 大連は植民地的な感じを如実に与へる町であると思ふ。奉天長春も幾分さうだが大連ほどには感じない。和服と洋服と支那服とが等分に町を通る。夜店で雑貨や古本やステツキ等を日本商人が売つてゐるかと見れば、一歩裏通りへ出ると支那人の麺屋があり煙草の露店商人がゐる。老いぼれたロシヤ乞食が手を差し出しながら執拗く五六間も追いて来る。［大旅行誌20: 225］

次の第29期生（1932）による記述にも「大連」が表れる。

> 私達二人は汗と埃が化合した妙な臭気のするクチヤクチヤの便服——背中には真白な塩さへ生産されて居ました——をぴつたりと身に着け、頭には黒くて赤い——勿論買つた時は白かつた——草帽を手で押へ乍ら（風を恐れたのです）或時は大連奉天長春と植民地風にモダーンな都大路を闊歩して、明朗でお転婆で現代的でヤンキー的なミス満州の同情——少くも僕等はさう決めて居る——を惹きました。又或る時は洮南海龍等馬賊横行する田舎の支那宿で——迎賓旅社と名は立派ですが日本の木賃ホテルです——小癪な南京虫と深夜に角逐して早朝の汽車に乗遅れ等し乍ら、旅行の前半を終へました。［大旅行誌24: 101］

第25期生のものほど多文化性に言及しているわけではないが、「植民地」「モダーン」「都大路」「ヤンキー」「満州」という言葉が用いられ、日本・西洋・満洲という三者が一つの文章の中に統合されている。またそういった「植民地」の対句のように「田舎」「支那」「南京虫」といった言葉を位置づけて、全体を構成している点も興味深い。

第29期生には、大連での滞在を記した別の班もいて、次のように「異国情緒」という言葉を用いて大連の街を讃えている。

> 初夏の光眩しい六月二十五日の昼下り、僕等は埠頭事務所のルーフに立つた。国際的都市美を誇る高壮な煉瓦造りの建築に、異国情緒豊かな大蓮市街は、此処から一望の中なのだ。我々は大連に満洲色を求むるのは寧ろ困難である。それ程大連は、植民地都市としての溌剌とした進取的清新さと、近代的文化都市としての匂ひを多分に有つてゐる。[大旅行誌24: 323]

こうした文化の混交が批判的に扱われる場合もある。第13期生（1915）は奉天に滞在した際の記述で、「日本語と支那語」の混交について言及している。すなわち、「チヤンコロ」の瓜売りが「日本語と支那語とのチヤンポンで怒鳴る」ことに辟易し、自嘲っぽさを漂わせつつ「チヤンポン」的言葉遣いを「矢張吾が殖民地だけありだ」と評している［大旅行誌9: 86］。

第29期生（先の者とは別）は、植民地的語彙を用いて朝鮮・京城の街の不健全な雰囲気を批判している。日が暮れると京城には「殖民地的な歓楽が躍り出す」［大旅行誌24: 390］。そこでは「カフエー」は「ジヤズとアルコールの渦巻く恋の競売場」である。京城・本町は以下のごとくである。

> 近代文明の生んだインテリともろもろのプチブル達の遊宴地だ。誠に不生産的な、非衛生的な遊宴地ではあるが。［大旅行誌24: 391］

Ⅲ．欧米支配への批判

植民地の意味合いに、国家間の支配従属関係が加わることも珍しくない。欧米による不当な支配ならびにその場所に対して植民地的語彙が用いられるケースである。香港やマレー半島の英領、インドシナの仏領などが良い例なのであるが、さらに、帝国日本を取り巻く国際環境が悪化する1930年代以降は、“不当な支配”の対象にしばしば「中国」という一国家が位置づけられるようになる。すなわち、“中国という国家が半植民地化されており、中国を含めた大東亜を帝国日本は解放しなければならない”という言説である。

1．欧米統治の不当視

前述のように、学校や病院などの文化的事業はかつては欧米による統治において日本が見習うべき近代性とみなされていた。1930年代に入ると、それさえも批判の対象になっていく。海南島を訪れた第33期生（1936）にとって、教会、病院、養育院などはもはや植民地化の道具でしかない。

> 米国教会及び病院その官舎。仏国教会及び養育院外人海関吏の広大なる建物。此処にも文化施設に名を仮る支那植民地化の手が伸されてゐる。[大旅行誌28: 441]

同じ批判は、「大体支那にては、外国系教会学校が隠然たる勢力を有して、外国権益の進出を有利に導き、恰も植民地獲得の先陣を為しつつあるかの観がある」[大旅行誌31: 76] という第36期生（1939）の記述にも見られる。

同じような欧米の植民地統治批判は中国以外の土地についても述べられている。第Ⅰ節で紹介した第36期生の英領マレーにおける道路の賞賛も、やはり支配があってこそのものだ。

> 全ての殖民地がさうであるやうに、マレーの歴史も、植民者と被植民者の深刻な力の争闘で飾られてゐる。そしてマレー土人は既に骨肉迄搾取されて、完全に無気力さを、天日に暴露し、再び起つ能はず、香り高き文化の享楽は「もてる者」のみの所有するところである。[大旅行誌31: 423]

2．中国における国家単位での植民地化

満洲事変が勃発した年に調査を行った第28期生（1931）は、満洲北部におけるソ連の経済政策について論じた論稿の中で「世界の殖民地である中国」という表現を用いている［大旅行誌23: 652]。翌年の満洲国が建国された1932年に調査をした第29期生は、「商品輸出、資本輸出のための競争、勢力範囲の確保の為めの競争を尖鋭化せしめる中国こそは世界中で一番後まで取残された、最も実り多き半植民地である」[大旅行誌24: 10]、あるいは「半殖民地中国の体内に生長して来た資本主義はその政治的表現たる中国の国家的統一を必要とした」[大旅行誌24: 15] と述べている。

また、第34期生（1937）の記述からは「半植民地・半封建的」という表

現も見え始める。以下は、山東省農村についての調査を行った際の記述である。

私が鄒平県を尋ねたのは山東郷村建設研究院の現在支那農村に対する梁院長の意見を聞くのも一つであつたが、当院の機関雑誌等に於て多く論ぜられた支那農村建設運動がどれ程まで実地に成果を挙げてゐるかが見たかつた為であつた。ゲマインシヤフト的な郷村団体によつて、半封建的乃至は半植民地的であると言はれる支那農村を大家族的結合で解決救済出来得るものであるかが知りたかつた。そして梁院長の説く倫理本位的社会従つて家団が即ち天然の基本開係なる基礎理論の実施に於ても農園それ自体の改良が第一に採らるべき現実の政策であるべきことも承知もしてゐた。［大旅行誌29: 159］

1930年代以降になってから、「半植民地」や後述の「半封建的」あるいは「半資本主義的」などの表現が用いられるようになることも興味深い。中国が各国と不平等条約を結んでからかなりの年月が経過しており、書院生も上海はもちろん旅行の先々で不平等条約の象徴たる租界を訪問していたにもかかわらず、この時期になってこうした用語が多用されるようになっている。

そもそも租界についての記述で植民地的語彙が使われるケースを見つけるのは容易ではない。数少ない例として、第13期生（1915）は天津の租界に言及した際に「殖民地は其の本国の政治風俗社会算を表す唯一の鏡なり」と述べている部分がある［大旅行誌9: 260］。もうひとつの例が、上海について述べた第35期生（1938）のものである。

徐家滙のメイン・ストリートを中央として東側の街並がコンクリート造りに支那風に装をこらした仏租界側の一筋、それに対した支那側の西側は従前よりは大分良くなつたが、なんてみすぼらしい煤けた低い軒並の連りだらう。この街を歩くと、外から強ひられる半植民地的性格、内から抜けきらぬ半封建的性格の余りにもはつきりしたみせつけに合ふと誰かが云つたつけ。［大旅行誌30: 472］

ここでは、“外／半植民地的”と“内／半封建的”という対句表現を用いて、中国的空間の在り方を説明している。次の第33期生（1936）による記述は、自動車という当時の先端技術をたとえに、中国という一つの国家が植民地化の対象になっているとした内容であり、また資本主義という言葉も用いられている。

> 彼等の孜々たる労働の前を文明の威風を払つて走り去る自動車、それこそ資本主義が中国内に力強く喰ひ込ませた鉄の爪で、これにより中国の農業生産や工業生産は日に日に植民地化されて行きつつあるのだ。[大旅行誌28: 83]

3．帝国日本の責務——解放

中国が「半植民地的・半封建的」と形容されていくのと歩調を合わせる形で、「植民地」の解放や救済が帝国日本の役目だという記述も見られるようになっていく。

ある第33期生（1936）は「打倒日本帝国主義のスローガンが……燎原の火の如く」[大旅行誌28: 462] 広まっていた広東・広西地方を通過した後に香港を訪問する。香港は、「英国植民政策百年の計成つてサスガに重厚な感じのする港」[大旅行誌28: 466] なのであるが、大衆が「毛唐の走狗」[大旅行誌28: 468] に成り下がっていると悲嘆している。

> 「汝等何故目を覚まさぬ！」と奴鳴つて見ても、馬耳東風。而も大部分の中国人が斯くの如きならば、生さしい日支親善の口号など称へてゐても屁にもならぬと痛感す。
> 日本は躍進しなければならぬ。最後の目標さえ誤らず、正しいものなれば、「帝国主義」と云はれても「侵略主義」と云はれても、又誇大妄想的な一部の中国人の「抗日救国」などに眩惑されることなく、只管目標に向かつて力強く進まなければならぬと、フト気が付くともうO･S･Kの桟橋を通り越して居た。[大旅行誌28: 468–469]

欧米との競争への意気込みを熱く記す彼にとって、自らが属する帝国日本の「躍進」は正当なのであり、実現しなければならない目標である。

彼の考えは、『大旅行誌』全体を貫くパターンに則ったものだ。すなわち「帝国主義」という言葉が欧米主体で用いられ、日本が帝国主義と関わるのは、あくまでも「打倒日本帝国主義」など支那人ら他者の言葉の引用となるパターンだ。つまり、書院生が「帝国主義」という言葉を用いて帝国日本の大陸進出・侵略を誇ったり、もしくは逆に自己批判的に記述している箇所はほとんど見当たらない。第29期生（1932）の一人がその年の『大旅行誌』の特集「満洲国印象記」の中で、帝国日本とソビエト連邦とを対照させる形で「日本帝国主義」という言葉を用いているくらいである。「帝国主義」の言葉は、早い時期では第9期生（1911）が支那人の言葉を引用した箇所に見つけることができるが、頻出するようになるのは、1930年代以降だ。

帝国日本の「躍進」がアジアを導くと述べる箇所には、次のものがある。ある第40期生（1942）は、日本軍が攻略した広東を訪れている。当地の状況は、「事変前、共産主義の根元地、抗日資金の流入門戸、排日の根拠地も皇軍一度進むや根底から覆されて、今見るやうな平和境楽土の現出となつた」[大旅行誌33: 324] といったものである。彼は広州の租界・沙面を訪れ、「東洋人蔑視の民族的偏見」に対する憤りを吐露している。この「東洋人」は、日本人や中国人を含む範疇である。

> 吾々同胞は自身のコンフオータブルな生活、物質的な安楽を犠牲にして、精神の金字塔を真先に築いて行つた。畳二三枚と浴衣さへあれば、満足して高い忠霊塔を仰いで心の底からの喜にうたれる。この喜は民族の中の個として真に具体的な吾々の生き方を把んでゐるもののみ知る喜であらう。沙面を築いた英人に、他の必要も無論あつたに相違ないが、支那人とは一緒に住まぬぞよ、俺とお前とは身分が違ふ、こんな気持が無かつたとは誰も保証が出来ない。歴然と東洋人蔑視の民族的偏見が看取されるのである。このことは香港に於ても、見られる。如何に皇領植民地とは言へ、島のある地点から上は中国人の居住を許さぬといふ事実、かうした事実に遇ふ度、私は深い憤りの念が湧くのであつた。[大旅行誌33: 326]

さらに、これとは別の第40期生による植民地的語彙を用いた記述には、かれらの旅行年の4年前に第一次近衛内閣が発表していた「東亜新秩序」という言葉も含まれている[7]。

7　本論では「植民／地」という言葉を用いた箇所に注目して議論を展開しているのであり、「東亜新秩序」という用語を用いた記述は他にも多数存在する。

> 我々が東亜新秩序建設のため邁進してゐるのは明らかだ。併しこの東亜新秩序建設の具体的内容は如何にあるべきであらうか。従来の英米の植民政策の失敗に鑑み、新秩序の構想は更に高次の立場よりなされねばならぬ。即ち将来建設さるべき東亜新秩序なるものは、日本民族が指導的地位に立ち、他の民族をして、その所を得せしめねばならぬ。そしてこの新秩序の盟主たるべき日本民族は他の民族を指導するに従来の植民政策以上の政策をもつてし、且常に優秀なる民族であらねばならぬ。もしこの盟主日本が或ひは従来の英米のとれる植民政策の域を脱し得ず、或ひは新秩序完成の幻夢にみだりに酔ふのみならば新秩序は再び破綻を来し、灰燼に帰すは過去の歴史に照して明らかである。（旅行誌33: 79–80）

従来の英米の植民政策は「失敗」なのであり、帝国日本が「常に優秀な民族」であるよう努力しながら「指導的地位」に立ち、「従来の植民政策以上の政策」を作り出さなければならない、という。書院生自身による東亜協同体論と言えよう。

Ⅳ．成功例としての台湾

1．“健全”な植民地

以上の分析をさらに台湾に当てはめて考察してみよう。まず第一に指摘したいのは、台湾が“成功例”と位置づけられるという点である。『大旅行誌』全体からすれば舶来の技術である植民地統治を日本はうまく扱い得ていないとする記述が大勢を占めているが、それとは逆に、台湾については帝国日本が技術力を示したと位置づける傾向にある。1911年に訪れた第９期生・汕頭広州湾班は近代的な台北の街並みに感心し、次のように述べている。

> これが数年前迄汚穢なる支那街と藪沢の地だつたとは想像することが出来ぬ児玉後藤二氏が此地を理想的大都市とせんとし先づ四囲城壁を毀ちて市区大改正を断行したによるのでかかる大々的市街建設は総督府の威力にして初めてなし得る快挙である吾等はこの光景を見て台北はひとり台北の首府たるのみならず他年大（ママ）平洋の我利権拡張の中心地ならんと想

像して無限の快感禁ず可らざるものがあつた。［大旅行誌5: 374–375］

もちろん植民地台湾を否定的に描くケースもあるが、それは官僚主義や近代性の違和感に関するものであり、植民地統治自体を否定するものではない。たとえば、1914年に華南沿岸部を回り香港からの帰路台湾に立ち寄った第12期生・広東班の記述である。

台北は帽子の都剣（みやこ）の都、猫も杓子もお役人様だよと、金筋入の帽子に短剣姿、往来狭しと肩で風切る有様は、我国官僚政治の縮図とも見るべく候。
建物は俗悪なる洋館多く、田舎娘の厚化粧に似て、鼻持ならぬ気障（きざ）加減に候。［大旅行誌8: 364］

第18期生（1920）は台湾を「内地」と異なる「奇妙な所」としつつも、親しみやすいと評価している。

七月廿一日。漸く上陸。初めて日本の殖民地と名の附くものを見て好奇の眼を輝かす。（中略）台湾の第一印象は奇妙な所なりの一句に尽く。内地とは様子全く異なれど矢張り親しみ易すく原始の野に文明の斑点を落せる如し。［大旅行誌13: 266］

台湾を成功例とする語りには、娘子軍や一攫千金を狙う山師が目立たないという“健全さ”を褒めた記述も存在する。第Ⅰ節で指摘した植民地に関する否定的な語りと対照的な評価である。第Ⅰ節で引用した第16期生・両広湖南班（1918）は、次のように台湾の健全さに「喜悦」している。

船が台湾の地へ歩足を踏み入れた時殆んど直覚的に感じた事がある、従来吾植民地の欠陥は堅実なる企業家と、豊富なる資本家に乏しいことである、一度殖民地と云ふ発展地の開拓せらるるや、思慮の浅薄な男女、若い者、子供、軍人、商人、職人、看護婦、娼婦、酌婦なんて云ふ種々の人間属が雑然として入り込み、一場の活人画のパノラマが展開さるるのが常である、此の種の人間には定算もなければ、恒産もない、唯火事泥的不定分子に幻惑せられ、何物かをつかまねばやまぬと云ふ決死的覚悟が潜伏しておる換言すれば転んでも只は起さぬと云ふ物凄い光が輝いておる、従て其なす事業はどれもどれも不安定にして投機的である、故に事業と云ふも沙上の閣楼と均しい、だから直ぐ瓦壊崩落する、其結果は失敗となり、自暴自棄となり、破廉恥となり、罪悪と化するのだ、私は台湾を一瞥してこの種の人間の比較的少いのを見て心から喜悦した。[大旅行誌12: 297–298]

2．日本との同一視

前述のように、植民地的語彙をめぐって“植民地は文化が混交する場所”という言説が表れる傾向があるのだが、その点についても台湾は特殊な位置づけにあると言ってよい。

そもそも植民地台湾に関する記述で直接植民地的語彙が用いられることはそれほど多いわけではない。逆に、香港や安南などと比べてかなり少ない印象があり、むしろ台湾を「日本」と描くケースにしばしば出くわす。第15期生・福建香港班（1917）からすれば、「唯日本であるといふ此単なる事実が包み切れない私達の喜び」なのである［大旅行誌11: 205］。「そこには日本人が居る、日本の家がある、可懐しい母国の情趣にひたることが出来る」のである［大旅行誌11: 205］。

台湾が「植民地」と位置づけられない傾向は、ベトナムを訪問した第28期生（1931）の次の記述に端的に表れているように思われる。

総督府の所在地河内は丁度殖民地都市大連の市街と台湾総督府の所在地台北の町と旧都北京を合せた様な感銘の深い所だつた。［大旅行誌23: 233］

このように、「殖民地」という言葉が当てられているのは台湾・台北なのではなく、大連なのである。

次の16期生（1918）・両広湖南班の記述は台湾の特殊性を示す好例である。まず彼は台湾に関する記述を、上海と台湾の比較から開始する。

俺は支那に来てから、由来夢の様な迷信伝説に富む、あの国土、詩歌を以て充された享楽の世界、偉大な大陸的色彩と、ロオマンチカルな情緒とを、又となく愛玩したが、自由の天地即ち世界人種の混血児の上海にはホトホト愛憎をつかした、其の疳癪の因は何かと云ふに毛唐と云ふ白奴の跋扈と巧狡なる中国人の振舞である、俺は常も黄浦灘の大厦高楼の下や市街目抜の場所に立ちて、あの繁華と混雑する現象を見る毎に、不可解なる思索的境地に沈み、深い歎息に陥ること屢次であつた、其反動として、俺は日本人としての自由天地を渇望焦慮して居た、特に台湾なる一語は自分の耳朶に一層強く影(ママ)いた、夫以来其の名を思ふ時、一身の憂愁とか心労を忘れ心気一転、恰も恋の歓喜に酔ふた人の様に夢中に憧憬れた、実に台北と云ふ未知未見の美麗な小都は、旅行前の光明であり、愛着の焦点であつた。［大旅行誌12: 297］

ここでは、上海とは西洋と支那の混在・混交の場として彼に見限らせるに足る場所であり、対照的に台湾はその「反動」として彼を「渇望」させる地なのである。

もちろん彼は、台湾が上海のような混在・混交とは正反対の純粋の場だと主張するわけではない。このくだりの後、先に引用した台湾の植民地化に対する自画自賛が展開されると、話題は「台湾の風物」に移っていく。

この亜熱帯的気分に加ふるに日本的気分を加味しておる所は一種変態の風俗にして、日台折衷文明の産物である、日台文明の混血児たる台湾人の子弟は皆日本人を教師として、日本語を習ひ、各学科共日本の学校にて教へ込むものと殆んど同じである、台湾人の若い者は皆邦語を操る、一とかどの文明人なる是等の青年が内地人気取り和服をまとひ得得たる横着者も屢々見受ける、彼等は雑誌を読み小説に耽り、新聞に目を通すなど、余程日本化しておる（以下略）［大旅行誌12: 299］

この箇所の直後に、「邦人の都市経営としては完全に近い」［大旅行誌12: 299］というインフラの賞賛が続く。要するに、「世界人種の混血児」と「日台文明の混血児」とは、同じ「混血児」であるが、評価の点では大きく異なっている。

「世界人種の混血児」は彼を辟易させるものであるが、他方「日台文明の混血児」はそこまで否定すべき混交ではない。たしかに直接的に評価されてはいないものの、全体の文脈から判断すると、その混じり方はあえて否定する必要のないレベルのものとなっている。また混交が進んだ末の同化も否定されていない。彼の記述の背後に、日台を“同文同種”の関係だとする考え方が見え隠れする。

さらに彼の記述の対象は“蕃人”（先住民）に移っていくが、そこでも、日本人男性と先住民女性の恋愛、先住民女性の日本語習得などの文化的混交が語られる。そしてこの混交も否定や批判の対象になるのではなく、むしろ「美しいロオマンス」として描かれている。

> ある薬売の青年が蕃地に踏み迷ひ酋長のために捕へられ、明日愈々殺さるることになつた、幸に酋長に一人の優しい娘があつて、其青年にすつかり惚れ込んで、夜青年をしばつてある荒縄をとき切つて、二人手を取り合ひ、暫く逃げのびて、死を免れた、其青年は蕃女の意気に感動して己の妻にして琴瑟相和しておつたが、不幸病魔のため倒れた蕃女は夫の死にはげまされ、日本語を習得し、遂に女教員に出世し、生蕃が内地観光の折撰れて通訳になり、遥々夫の故国に来り、青年の埋葬せられた京都を尋ね、夫の霊前に泣き伏したと云ふ、家人も之を哀み、家族として之を取扱ひ青年の弟妹等は嫂として彼女を遇したと云ふ美しいロオマンスがある、蕃女と云ふも決して愛も情もないものでない彼等には暖い愛情を有し、女としての特性を十分具へておることを忘れてはならない、生蕃だからとて色恋の沙汰は相ならぬと云ふことはない、恋に上下はないものだと、世人は云ふておるは公平な見方である。[大旅行誌12: 301]

このように、東洋と西洋の混交は批判の対象となるのに対して、日台の混交は否定されるとは限らないという意味でニュートラルなものである。また、日台の混交の場合は“台湾”や“蕃人”が日本化することが当然のことのように描かれている。いわばそこでは、同化は自然のなりゆきなのである。

３．同化＝脱植民地化という図式

以上の分析からすれば、書院生の記述に表れた植民地は、同じ表現を用いつつも、「日本の植民地」と「欧米の植民地」とで性格を異にするものとして表れていることが分かる。

まず植民地的語彙は、全体としてネガティブなニュアンスで使われることが多い。そして1930年代に顕著になる語りとして、植民地は西洋が不当に支配する地であり、日本がそれを解放に導く主体になるべきだという言説が使用される。その一方で、帝国日本の植民地台湾に対して用いられる際は、同地が成功例と位置づけられるために、植民地的語彙はむしろポジティブな意味合いを帯びる。また、帝国日本の植民地では同化は自然なものなのであり、統治が順調に進めば、形質的な差異が目立つ先住民でさえ同化が進むという認識を見出すことができる。

これは台湾に限った話ではない。第29期生（1932）の一人は「満洲国印象記」に収められた論稿の中で大連を、「日本文化をかく迄よく植付けたといふ点で驚いたが、まだ植民地らしい臭ひが残つて居る」［大旅行誌24: 486］と述べている。この「植民地らしい臭ひ」とは、いまだ日本文化の移植が徹底されていない、言い換えれば日本文化と非日本文化の混交の状態にあるために残存しているものである。また、「匂ひ」ではなく「臭ひ」となっている点には、それが消臭されるべき対象であるというニュアンスを読み取ることができよう。首尾よく消された日には、「植民地らしさ」も消失するということだ。ここにも、同化が進めば植民地ではなくなるという言説を見出すことができる。

大連についての記述では、こうした意味での“脱植民地化”が成功の域に達しているとするものもある。第31期生（1934）の一人は、「大連といふ都は、上海、青島等とは違つて、殖民地的雰囲気をほんの僅かしか持たず、徹頭徹尾日本式に出来てゐる」［大旅行誌26: 105］と賞賛している。「徹頭徹尾日本式」という状態が成立するには、「殖民地」的な文化の混交状態が無くなり、日本文化への同化が貫徹されなくてはならない。

逆に言えば、統治の“成功例”である台湾についてでさえも、文化的混交を記述するときには、そこに植民地的語彙を用いる余地が生まれてくる。たとえば第29期生（1932）・南支沿岸産業貿易班は台北北部の草山温泉を訪問した際に目にした光景を、「和服を着た台湾人が流暢な日本語を操り日本人と仲よく話してゐる点など植民地に稀に見る麗はしい風景」［大旅行誌24: 446］と評している。文化的混交についての記述と植民地的語彙の使用は密接に関連している。

このように、書院生の記述の中で、帝国日本の植民地統治の成功とは、同化の完遂なのである。同時に、同化の完遂はその土地がもはや“植民地”ではなくなることを意味している。つまりそれは同化＝脱植民地化という図式である。台湾が“成功例”とみなされたのも、「日本の少なからぬ論者たちにとって、台湾は明確に『植民地』とみなすには地理的・人種的に近すぎると思われていた」［小熊1998: 93］ことからすればもっともなことだと言えよう。

ただし、同化＝成功という言説が見られるとしても、書院生の記述に非植民者の排除の論理が具わっていなかったというわけではない。“日本が他の民族を導いて、同化させるべきである”という言説はごく普通に見られるが、“導いた後に平等の関係になる”とまで述べている箇所を見出すのは困難である。

また、あたかも同化が自然の成り行きのように描かれているとしても、その同化がより身体的なレベルでの同化（いわゆる“混血”）まで意味していたかは判断が難しい。台湾人が和服を着て日本語を話す光景を「麗はしい」と記した第29期生でさえ「雑婚政策」を否定している。書院が“同文”のみを冠していたことと無関係ではあるまい。

おわりに

本論では、『大旅行誌』における植民地的語彙に注目し、書院生の考える植民地主義を把握しようと試みてきた。分析から分かったことは、彼らの記述には二種類の植民地主義——善き植民地主義と悪しき植民地主義——が見られるということである。

悪しき植民地主義にもとづく西洋的な統治の典型は香港に関する記述に見ることができる。多くの書院生が賞賛の言葉を残しているように、香港は英国による植民地統治の一モデルではあるが、同時に、どこまで統治が進んでも、弱者／東洋から強者／西洋への同化は進展せず、両者の差異は残り続けるし、西洋が東洋を差別し搾取する枠組みも変わらない。

それに対して帝国日本による植民地支配は善き植民地主義にもとづくものであり、究極的には西洋に支配されたアジアを解放に導く新たな統治を生み出す原理とみなされている。西洋型の植民地主義は、日本的なそれによって克服・解消されるべき古き悪しきものであり、西洋型が見られる場所はより直接的に「植民地」とネガティブに名指される傾向がある。

主体が日本か西洋かという違いがもたらすものは、「帝国主義」という言葉が使用される傾向にも当てはめることができる。書院生が「帝国主義」という言葉を用いる際、その行為主体はもっぱら西洋である。中国人など他者の言葉として引用されることがあっても、書院生が自ら、“日本が帝国主義を実践する”と記述することはほとんどない。あったとしても、「帝国主義」のそしりを受けても信念を貫けば道は開けるという、独善的と言いたくなるような決意が述べられるだけである。帝国主義はそしりの対象であり、もっぱら西洋の行動様式なのだ。「『植民地支配』や『人種主義』は『欧米』に存在するものであって、日本には無縁だとされていた」という小熊による指摘と基本的に一致している［小熊1998: 663］。

さらに、二種類の植民地主義は同化へのスタンスでも異なっている。西洋的な植民地主義では統治が進展しても成功することはなく、東洋への差別を内包しながら、東洋を効率的に支配するのみである。逆に、帝国日本的な植民地統治の場合では支配する側と支配される側の差異が消失した段階が理想にあり、そのため同化が称賛の対象となる。そして、かつての差異が認められないほど同化が達成されたときこそが、植民地が植民地でなくなった段階、つまり“脱植民地化”が達成された段階となる。台湾が“成功例”と位置づけられ、それと同時に植民地的語彙が使われることが少ないのは、書院生の目に台湾が極めて日本的な、同化が進んだ成功の場所と映ったからである。

帝国日本の秩序の在り方において同化が大きな意味を持ったという指摘はもちろん新しいものではない。たとえば小熊によれば、帝国日本の支配言説には「『欧米』モデルとされた『植民地』統治論に、後発性を背景とした同化論（≒国民統合論）が大幅に混入した」［小熊1998: 634］という特徴があった。「欧米を模範とした『植民地』支配を説くよりも、欧米と異なるという自意識のもとに一視同仁の『日本人』化を説くほうが、ナショナル・アイデンティティの維持に好都合であった」［小熊1998: 92–93］からである。

また、書院生の植民地観には、大日本帝国の秩序の在り方を「中華帝国秩序と大英帝国秩序との混血であると同時に、それらへの対抗」[松浦2006: 6]と位置づける松浦の議論を思い起こさせる部分もある。「中華帝国秩序」は「国境を持たない同心円の政治的磁場」によって成り立っており、天皇を中心とする大日本帝国の秩序はその枠組みを引き継いでいる。『大旅行誌』の記述に当てはめれば、大旅行に表れる帝国日本の秩序（少なくともその一つ）は、“日本”を中心に“日本性”の多寡に応じてグラデーション状に広がる同心円的秩序をなしていると言うことができよう。その帝国像では、植民地なるものは帝国とその外部の境界上に存在し、同化が進めば進むほど“脱植民地化”を果たして帝国の域内に取り込まれていくべきものと想定されていた。書院生にとって、同化を促進し植民地の解放を目指すのが帝国日本的な善き植民地主義であり、逆に同化を進めず、東西の支配構造を放置するのが西洋的な悪しき植民地主義であったと言えよう。

『大旅行誌』で書院生が描いた台湾は、善き植民地主義が作用するお手本のような空間であり、帝国日本の同心円的秩序の境界の中に片足を残しつつその内側に存在する、そんな場所だったのである。

参考文献

荒武達朗［2017］「書院生のまなざしに映る20世紀前半満洲地域の日本人」加納寛編『東亜同文書院生、アジアを行く――東亜同文書院生が見た20世紀前半の東アジア』あるむ。

藤田佳久［2007］『東亜同文書院生が記録した近代中国』あるむ。

藤田佳久［2012］『日中に懸ける――東亜同文書院の群像』中日新聞社。

岩田晋典［2017］「大調査旅行における書院生の台湾経験――“近代帝国”を確認する営み」加納寛編『東亜同文書院生、アジアを行く――東亜同文書院生が見た20世紀前半の東アジア』あるむ。

小熊英二［1998］『〈日本人〉の境界――沖縄・アイヌ・台湾・朝鮮 植民地支配から復帰運動まで』新曜社。

加納寛［2018］「東亜同文書院生の香港観察にみる『アジア主義』――対イギリス認識を中心に」愛知大学国際コミュニケーション学会『文明21』第40号、23–36頁。

松浦正孝［2006］「序論 一国史・二国間関係史からアジア広域史へ」日本国際政治学会『国際政治』第146号、1–20頁。

塩山正純［2017］「『大旅行誌』の思い出に記された香港――大正期の記述を中心に」加納寛編『東亜同文書院生、アジアを行く――東亜同文書院生が見た20世紀前半の東アジア』あるむ。

塩山正純［2018］「『大旅行誌』の思い出に記された香港——昭和期の記述より」愛知大学国際コミュニケーション学会『文明21』第40号、37–64頁。
東亜同文書院編［2006］『東亜同文書院大旅行誌』全33巻（オンデマンド版）愛知大学。

書院生の台湾旅行の記録にみる「台北」像

塩山正純

はじめに

東亜同文書院の大調査旅行には、南方を主な目的地とするコースも多数あり、自ずと香港を中継地として経由する場合が多かった。塩山正純［2017］では、書院生の本拠地・上海にならんで当時の東アジアにおける一大国際都市であった香港について記した『東亜同文書院大旅行誌』（以下『大旅行誌』）の滞在記録をもとに、各々が自由なスタンスで書き留めた見聞から当時の日本知識青年の「香港像」の一端を考察した。香港を経由した大調査旅行の調査対象地は主として中国本土もしくはその周辺であったが、諸事情により台湾に立ち寄るコース、または台湾そのものを調査対象とするコースも多かった。そしてその多くは「主都」の台北を通過している。中国本土、南方の緊張感みなぎる記録とは趣を異にして、一見すると時間の無駄遣いにもみえる台北における短い滞在のゆるく、気楽な見聞の記録ではあるが、当時さかんになりつつあった近代的な観光旅行の記録とはひと味違うテイストで、当時の知識人である同文書院の若者たちが台北をどう過ごしたのか、我々の眼前に当時の台北の様子を蘇らせてくれるのである。彼らが海外の日本領である台湾、とりわけ当地の「主都」である台北で見るべきもの、見たいものは何であったのか、そしてその訪問によって台北の様々な事象に対してどんな印象をもったのか。本稿は、同時代の旅の記録である紀行文、写真帖、役所による公式記録その他の資料とも比較しつつ、『大旅行誌』に記述された書院生の台北滞在の足跡を辿ることによって、書院生の「台北」像の一端を紹介しようとするものである。

I．時代と旅行そして旅の記録

明治維新後に日本は「富国強兵」「殖産興業」「文明開化」といったスローガンのもとに近代化を目指し、人々の暮らしの周辺も従来からの東洋的な文化に新たに西洋的な文化が混在する二元的な状況が生まれ、さらに第一次世界大戦を経て、サラリーマンや職業婦人といった新しい就労スタイルも生まれ、都市圏における人々の生活も近代化され、暮らしもしだいに豊かになりつつあった。そういう時代背景とも相まって、大正から昭和初期にかけて上流階級のみならず一般大衆にいたるまで、娯楽・教養のカテゴリーとしての「旅行」文化が根づいていった。赤井正二［2016］が指摘するように、大正そして昭和初期に旅行文化が「新しい美と感動の発見、自己目的化と多様化、旅行者の事業者への依存」の三つの方向への発展によって特徴づけられるように大衆的規模で実現・普及・定着していくのである[1]。これとほぼ時代を同じくして、東亜同文書院でもその特徴的な教育法の一つとして中国大陸を中心に東アジア、東南アジアを調査旅行するフィールドワークである大調査旅行が始まった。古来、ひとが旅にでると何かを記してきたが、日本の旅の記録はおもに「個人的」な形式と内容を色濃くもつ『道中記』の分厚い伝統をもつ［赤井正二2016: 116］といわれる。書院生の記した『大旅行誌』や、同時代の旅の記録である著名人や職業軍人などによる紀行文、写真帖などもこの系統にあたる。一方で、旅行文化の定着とともに、「平均的な旅行者」を対象としつつ行われる多かれ少なかれ計画的・組織的な共同作業の産物である近代の「非個人的」なガイドブックが生まれたが［赤井正二2016: 116］、鉄道院などの出版するガイドブックや役所による公式記録その他の資料等はこれにあたるであろう。

1　赤井正二［2016］6-8頁参照。

Ⅱ．行き先としての台湾

近代の旅行文化の定着とともに、当時「国内」であった台湾も観光旅行の行き先の一つとして数えられて観光ガイドブックにも掲載されるようになった[2]。一方で、東亜同文書院の書院生にとって、「旅行」は第一義的にレジャーではなく、中国の大陸本土、南方などを行き先とする学業・研究の一環で卒業年次の正課の集大成であった。そして、様々な事情があったにせよ当時、日本国内であった台湾は主要な行き先の一つであった。訪問回数については、『東亜同文書院大旅行誌』に記載された約670路線のうち、台湾を含む路線は78個確認することができ、全体の12%弱が何らかの形で台湾の地を踏んでいることになる［岩田晋典2015: 62］。台湾訪問の割合が増加するのは大旅行の「制約期」（1930年代）にあたり、日中関係の悪化により中国大陸における大旅行の実施が困難かつ限定的になっていくなか、その結果として、台湾を訪問するコースが増加したという背景の可能性も指摘されている［藤田佳久2011：67–69、岩田晋典2015: 62］。

78個の台湾訪問の回数は、あくまでルートに掲載されているものを筆者がカウントしたものであって、それは主要な調査目的地の場合と、例えば、「私たちの旅行は南支でした。コースは香港より広東へ汽車で行き又香港へ舞ひもどり、それから汕頭厦門を経て台湾に渡つたのです」［誌26: 203 (31期1934)］[3]、「広東から学校（上海）へ帰る途中、船の都合で台湾を再び通る事になつた」［誌31: 241 (36期1939)］、「広東よりの帰途、船便の都合で台湾に十数日を過さねばならなくなつて」［同前］というように、単なる通り道における寄港の場合との２通りがあった。いずれにしても、台湾は当時、日本国内であり、上述のように戦争の影響により「大旅行」のコースになったりもしたが、中国を志向して同文書院に学んだ書院生たちにとって「日本」の台湾は、中国ではない、いわばおまけの行き先であった場合が多い。し

2　例えば本稿でも同時代資料として紹介する朝日新聞社［1933］『最新日本名所案内』、鉄道省［1934］『観光地と洋式ホテル』、台湾博覧会協賛会［1935］『台湾の旅』、台湾総督府鉄道局鉄道部［1937］『台北とその附近』、台北市役所観光係［1938］『観光の台北』など多数ある。

3　［　］内は引用文が掲載された『大旅行誌』の巻とページを表しており、例えば［誌26: 203 (31期1934)］は『大旅行誌』の第26巻203ページ（第31期生1934年の記録）からの引用である。以下同様。

かし、また同時に、「今日は愈我大日本領土に足を入れるかと思へば勇躍を禁ずる能はずだ」[誌5: 374 (9 期1911)]、「憧憬した台北」[誌11: 285 (15期1917)]、「俺は日本人としての自由天地を渇望焦慮して居た、特に台湾なる一語は自分の耳朶に一層強く影(ママ)いた、夫以来其の名を思ふ時、一身の憂愁とか心労を忘れ心気一転、恰も恋の歓喜に酔ふた人の様に夢中に憧憬れた、実に台北と云ふ未知未見の美麗な小都は、旅行前の光明であり、愛着の焦点であつた」[誌12: 297 (16期1918)]、「今やこの小巴里が孤独なる遊子の足下になつた深切に労つてくれるために、俺の心は千々に砕け、途方もなく迷ふて、正確なる安定を保つことが出来ない」[同前] といった記述に見られるように、海外の日本領として憧れの地でもあったのである。

Ⅲ. 彼らは台北に何を見て何を書いたのか

では、実際に基隆をはじめとする港に到着し、そこから台北に入ったとき、書院生はどう歩き、どこを訪ね、台北に何を見て、何を書いたのか、順を追って見ていきたい[4]。

1. 台湾到着の記述

まずは台湾到着の第一印象から見てみると、「初めて日本の殖民地と名の附くものを見て好奇の眼を輝かす」[誌13: 266 (18期1920)]、「上陸して嬉しく感じた事は、日本気分の溢れてゐるといふ事である」[誌15: 685 (20期1922)] というように、書院生の台湾への第一歩は、一様に日本の植民地に初めて上陸する高揚感に溢れている。しかし、その高揚感も束の間、すぐにテンションの下がる思いをする。『大旅行誌』に記されているのは、「基隆について目に付いたのは税関官吏まで金筋に短剣をさげて居ることで無暗に官僚的のやうな感じを与へしめ」[誌11: 375 (15期1917)]、「一行は二人の私服憲兵に、薄気味悪くも馴々しく問ひたゞされ、そのあまりのしつこさと猜疑的な態度とに、台湾への第一印象ひどく害され」[誌24: 433 (29期

4 書院生が街歩きで訪れ、実際に目にしたであろうと思われる景色のうち、特に建造物については、例えば片倉佳史 [2015] に多数掲載されており、本稿で引用した書院生による記述と重ね合わせて見ることができる。

1932)]、「こゝの巡査の一行の取調らべが、実に面倒なのです。昨年の話は聞いてゐましたが、とても、きびしく訊問するのですよ」[誌26: 219–220 (31期1934)]、「正午近くまで、例の甚だ、むかつく税関検査をうける為に、脚が棒になる程たちんぼを喰はされて、「なんと日本への第一印象の不愉快なことよ」と云ふ気持で胸が一杯になつてゐた」[誌24: 433–434 (29期1932)] など憲兵、巡査、税関官吏の自分たちに対する振る舞い、扱いに対する不満であって、数多くの訪問で官僚的なものへの嫌悪感が吐露されている[5]。本稿が同時代資料として挙げている幾つかの旅行記・紀行文はいずれも日本国内から台湾を訪問したものであるが、書院生の記述と内地からの訪問記が官僚への嫌悪感を特には記していないのとは実に対照的である。

2．いよいよ台北へ、台北到着の記述

さて、実にむかつく憲兵、巡査、税関官吏とのやり取りを何とかやり過ごして、「明けて七日、憧れの台湾に足跡を印す事が出来た。雨の中を一路台北へと、港基隆には一瞥も与へず立去つた」[誌28: 416 (33期1936)] というように、ほかには目もくれず一路、台湾の「主都」たる台北に向かうものもあり、例えば基隆からであれば小一時間の汽車の旅で台北に到着した。「北投圓山を過ぎて夢にも憧れてをつた台北に着」[誌10: 460 (14期1916)]、「汽車は間もなく大きな都会に到着した。台北だ」[誌6: 326 (10期1912)] と記されているように憧れの都会台北に着いても、やはりそこは見知らぬ土地ゆえ、「台北停車場にぬつと突つ立つた時には誠に心細い感じがした」[誌13: 409 (18期1920)] というように不安な気持ちを覚えるが、「先輩の出迎を受け」[誌11: 375 (15期1917)]、「幸ひ紀君及栗山君出迎へ呉れ、やつと野宿もせず私の行く所は何処ですと聞き歩かんでもよいと、ほつと一安心した、かく先輩を捕へて見れば俄に胆が大きくなつた様な気がした」[誌13: 409 (18期1920)]、「台北の停車場に着いた時には堅い麦藁帽子に長いセルの袴を着けたにわか紳士の○○君が馬鹿にすまして角帽の不二さんを連れて出迎へに

5　このほか「要するに我等停船中の如き検疫官とか何とか云ふ金筋のある連中は消毒も碌々せずに行つて来てゐながら粮食運搬に来りたる人夫が許なく乗船したるの故を以て生等同様監禁の身となりたるが如き官僚の横暴及杓子定規の然らしむる所ならん」[誌13: 409 (18期1920)] などの記述もある。

来てくれた」［誌10: 457 (14期1916)］という記述に見られるように、書院の同窓生をはじめとする先輩・友人に出迎えられて、台北でのひと時が始まるのである。

また、台北駅は到着、見送り[6]、出立の場面などで『大旅行誌』のなかに度々登場するが、いずれも思い出を語る一つの場面として登場するのであって、建築物としての描写は現れない。

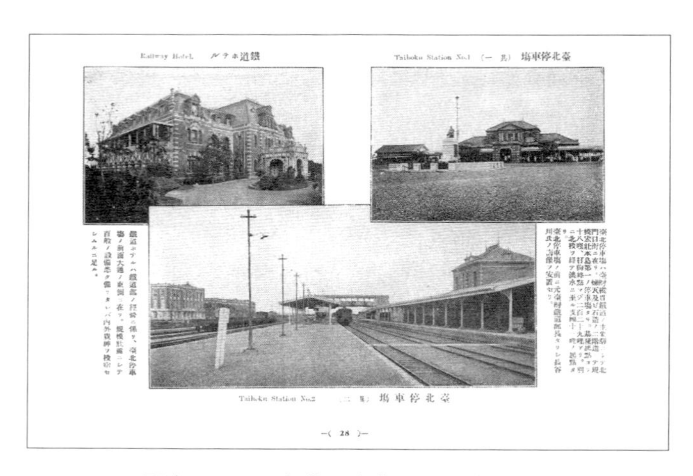

写真１　1910年代の台北駅と鉄道ホテル

村崎長昶［1913］28頁[7]

３．台北の概況に関する記述

書院生は台北に到着すると、台北を台湾島内の他の主要都市と比較したり[8]、また「台北は城内、大稲埕、万華の三市街より成つて居て、以前は相離

6　「可して私は其日の正午の列車で帰国する森沢兄をステイションに送つたのであつた」［誌9: 166 (13期1915)］などの記述がある。

7　当時、写真帖による記録はかなりあり、本稿に掲載した村崎長昶［1913］『台北写真帖』のほかにも、台湾総督府総督官房文書課［1908］『台湾写真帖』、葛西虎次郎［1911］『台湾風景写真帖』など多数ある。

8　例えば、「台北の政都たるに対し此の地（台南：筆者注）は商都の観を呈してゐる」［誌22: 269 (27期1930)］などといった他の主要都市との比較が見られるが、「台北は本島の北部に偏してはゐるが、首都である、台南は又南に偏つてはゐるが、鄭成功以来三百年間の旧都である。台北が内地式乃至欧米式であるのに対し台南は支那式純台湾式とも考へられる」［大阪市教育会1923: 48］などと共通するところが多い。

れて独立した都市であつたのが、各発達膨張の結果相融合しなほ発展を続けて今日の大台北市となつて居る」［誌25: 468 (30期1933)］のように台北の市街形成の概況を記している場合が儘ある。こうした描写は「台北は台湾総督府のある処で市街を旧城内、艋舺、大稲埕の三つに分ち其西を淡水河が流れて淡水へ注いで居る」［落合昌太郎1915: 278］、「市は基隆の西方約十八哩、淡水河に臨んだ広大な盆地の中心にあつて、全島の政治、教育、経済等の源泉となつて居る。もと市は城内、大稲埕、艋舺の三部からなつてそれ〳〵政治区、商区及び河港として其特色を発揮して居た」［大阪市教育会1923: 12］といった同時代の旅行記の記述ともほぼ共通する。

このほかにも、「大台北市の膨張を見るにその西方は、淡水河の水面に限られて居るから、主として東北南の三方面に発達しつゝあるやうである。先づ北方に於ては鉄道線路を越へて、城内の北に接し建成町、御成町の市街、大正街の住宅街が発達し、米国領事館も此の方面にある。東方は基隆街道に沿ふて樺山町、東門外に東門町起り、台北州庁、台北市役所、中央研究所、医専、高商等が此の方面に集つて居る」［誌25: 468 (30期1933)］、「建築物、道路、街路樹、公園、納涼会、女車掌、都会人女、場末、淫売、花柳病、病院、美容院、貧民窟、邸宅、工場、会社、重役、労働者、官吏、そしてブルとプロと。総ゆる近代的な文化の感覚と神経とを具へてる都会」［誌23: 358 (28期1931)］など、市街のランドマークと街の風景を構成する様々な要素を挙げる記述が見られる。こうした客観的事実を列挙した記述も、同時代資料と内容的にほぼ共通している。

4．台北の街並み・街の風景・インフラの印象

台北のインフラについて、書院生は何に注目したのだろうか。役所が発行する公式記録、例えば台北市役所［1930］『台北市十年誌』では、第十一章「公共施設」に公園、動物園、運動場、水泳場、公会堂、第十二章「土木水道」には市区計画、道路橋梁、市民家屋建築、河川護岸工事、上水道、下水など、第十三章「交通」に市営乗合自動車のことなどが記述されており、特に道路については156頁に「市区改正に依る市街道路は砂利道路延長五八,〇九〇間　タークレー道路延長六七〇三間　郊外道路延長二八,八八七間　総延長九三,六八〇間此の面積四三〇,五七九坪に達せり」との記述がある。特

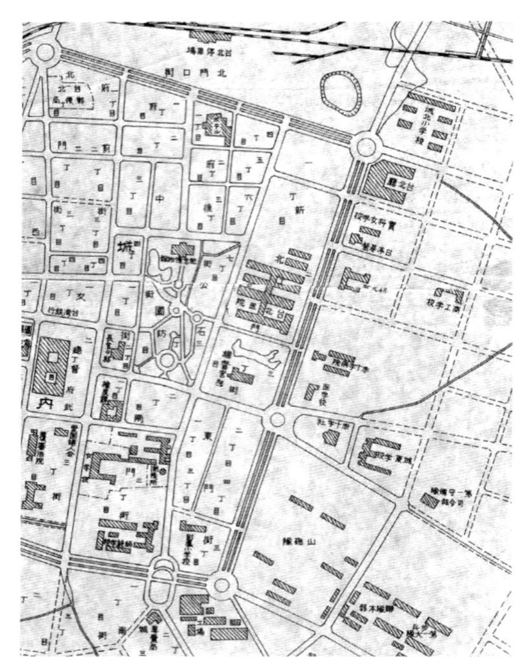

写真２　『台北市地図（大正九年市制施行当時）』［1920］の三線道路（右半分）掲載部分

に旧城壁の跡地に通された「三線道路」[9]は特筆すべきもので、同時代資料でも、観光案内なら「昔の旧城壁は城門を残して全部撤去せられ、その跡は三線道路と称する緑の大道となつて市街をまはり、市内は煉瓦又はコンクリートの三層楼が軒を並べ、各街路に面して台湾特有の亭仔脚を作りアスファルトの道路が縦横に走り、近代都市としての面目を備へてゐる」［鉄道省1934: 70］、また紀行文なら「城内の名の起りであつた城壁も全く取り毀たれて其跡は三条の広大な車馬道となり、特に三線道路と称へられて居る。非常に幅広いアスファルト街路の両側にビロウやガヅマル等の街路樹が行儀よく、然も気持よさそうに緑の枝を延ばして居る様は、到底内地の都会では見られぬ美観で両側の家から一様に街路に突き出て居る停仔脚と共に一見南国の特相を語るものである」［大阪市教育会1923: 12–13］、「台北市街の旧城壁は楼門を除くの外全部取り払はれて、其敷地が、台北人の自慢する三線道路として市街を取り巻いて居る、此道路の内部が城内と称し一等地だ、東京ならば麹町区と云ふ格で内地人の居住地と官庁等である、又其内に商業区域、官衙区域、官舎区域に細別せられて居る」［篠田次助1931: 19］というように必ずと言って良いほどに取り上げられている。

9　鉄道部［1937］『台北とその附近』の沿革には「城内を圍ぐる城壁を撤去して其の跡に三線道路を設け全く市街の面目を一新した。」と記述されている。

(1) 道路と市街の区画

書院生による記述も例外ではなく、インフラに関するもののほとんどは道路とその周縁に関するものと言ってよい。「街路樹の棕梠とアスファルトには南国の太陽が訪れてゐたセーラー姿の女学生、スマートな娘さん、威勢のいゝ人力車夫白服のサラリーマン、鈴声を電波するバスガール」[誌24: 445-446 (29期1932)] と記される南国の明るい雰囲気にもまして、書院生が注目したのは、「第一に目のつくのは道幅の広く面も平垣(ママ)なことである。その総督府をはじめ諸官衙学校病院などのある方面は驚く計り道路の設計が雄大で何となく気宇の広濶なるを覚へる。その最も壮麗なる府前街府中街文武街などは大道坦として四通八達し大廈高楼軒を連ね泰西日清の百貨店頭に堆しいといつても誇言でない」[誌5: 374 (9期1911)] という記述に象徴されるような、広くして平坦、井然と四方に通じる道路とその周縁の風景であった。また、道路に関連した記述では、以下に挙げる幾つかの例のように、先輩の作文を後輩が参照あるいは拝借したような痕跡も見られ、ある種の学生の作文らしさを醸し出しているとも言えよう。

> 市区の整然とアスファルトの美観だ、広い立派な道路とそうして一定のル子ツサンス式といふ様式と三階以上といふ制限とを備へた心もちのよい建築と夫れは到底東京の真中にも求め得られない者である [誌11: 205 (15期1917)]
>
> 市区は整然として、アスファルトの大道が四通八達し其両側には規則正しい同型のル子ツサン式の建物がズラリと並列しておる所などは、上海香港でも見られない [誌12: 299 (16期1918)]
>
> 布(ママ)区整然……としてアスファルト路は四通八達し其の両側にはル子ツサン式の建物が並んでゐる所などは、一寸他処には見られない景色である。市内には諸々に公園あり噴水あり、以つて遊子を楽しめ、一日の労を医するに充分である [誌15: 685 (20期1922)]
>
> 台北の街は全然新設市街の色彩に染められた街だ。台湾の首都だけに誠によく完備されて居る。市区の整然たる■(筆者注:原文の文字が不鮮明)「アスファルト」を敷きつめた広い立派な道路が四通八達して其の両側には「ルネツサン」式の心地良い建物が並んで居る所などは到底東

京の真中でも求められないものである［誌16: 525 (21期1923)］

⑵　亭仔脚

台北では新市街建設に際して、道路沿いの建物からせり出した“亭仔脚”なる庇が設置されていたが、当時、台北に赴任した職業軍人の篠田次助は「市街地の家が街路の歩道の上迄伸ばし通行人は直射日光を避け日蔭となつて居る処を歩く様な設備であつたことは熱帯地の経験上定められたと感心した、越後の長岡辺りは冬の積雪の際に通行を容易ならしむべく、軒下を長く出してある、暑いと寒いとの差はあるが要領は同様だ」［篠田次助1931: 17］と記している。この亭仔脚について、書院生は「台北の街は、何処か大連と共通味を持つてゐる植民街である。しかも南国風に明るい。香港のそれに似て、大通りの人道は軒下を貫いてゐる」［誌20: 51 (25期1928)］、「台北の街は南国に相応はしい亭仔脚の設けてある所暑熱を防ぎ不時のシヤワーに備へてあるので好都合である。殊に本町通りは道路に広く建物も頓整して居て、全く日本気分」［誌21: 442 (26期1929)］というように、大連や内地との共通点を見いだしつつ、南国特有の気候を考慮したこの設備を有する街並への親近感を表現している。

⑶　衛生について

亜熱帯の未開地の開拓・開発においては衛生も重要な課題であったが、台北市役所観光係［1938］『観光の台北』が「内地の一般の人は今だに猛獣毒蛇が横行しマラリヤ蚊が年中飛び廻る未開なアフリカのジヤングル等想像する人が少なくない。全く認識不足と云はざるを得ない。現在の台北は猛獣毒蛇の居るのは動物園位のものでマラリヤ蚊等も其の姿を見る事の出来ない程衛生設備が完備し、文化設備の点では全く内地の一流都市と比肩して毫も劣るとは思はれない寧ろ優つて居る位である」と記すように、すでに台北は一般的な内地人が想像するような未開地ではなくなっていた。「今日では土匪や生蕃や、マラリヤや、毒蛇よりも腸チブスが最も危険である」［篠田次助1931: 20］という記述が示すように、危険なものも変化していた。すくなくとも台北については、書院生も「新領土だけありて新知識を輸入して新規模でやつてあるから諸般の設備が意外に進歩して居るのは驚くの外はない。瓦斯電燈はもとよりその上水及下水の完備せること」、「掃除の行き届き百般の衛生施設の備つて居ること、台湾といへば直にマラリヤ熱を聯想し甚しき瘴癘蛮雨を想起して薄気味悪く思ふ内地人に見せたきものである。今は市街地では瘴癘などは思ひもよらぬ事でマラリヤの蚊も今は内地深く行くに非れば見出す能はずとは研究所の技師の話である」[誌5: 375（9期1911)] という記述に代表されるように、当時の代表的な都市と比べても遜色のない先進的な都市となっていたと認識している。

その他、書院生による記述は、台北は美しい公園、図書館、博物館、市の美観を助ける銅像、マーケット、さらには「当局が苦心と決断を誇つてゐる開渠の下水」[誌11: 205–206 (15期1917)] も備え、「その苗圃博物館の完備せること農事試験場専売局の整頓せること要するに台北は最新式の市街地としてその文明的設備を有する点に於て大に誇るに足るものありと云ふに躊躇しない」[誌5: 375（9期1911)]、「人口も比較的に少なく土地も広くない台北には電車こそないが文明の都市として耻かしくない程都の設備は完全してゐる」[誌11: 206 (15期1917)]、「兎に角文明の都市としては恥しくない設備を有しておる、無いのは電車自動車馬車位」[誌12: 299 (16期1918)] のレベルに達していたとの見解を示しているのである。

5．どこに泊まったのか

当時の宿泊施設については、例えば、村崎長昶 [1913]『台北写真帖』には数ある建築物、名所と並んで、宿泊施設の写真もあり、㋚旅館部・日の丸館・朝陽館の掲載頁の説明書きには次のような紹介文があって、主な施設が挙げられている。

> 鉄道ホテルノ外台北ニ在ル重ナル旅館ハ北門街ノ日ノ丸館、府前街ノ朝陽号、一丸館、南洋商会、府中街ノ㋚旅館部、台中館、府後街ノ萬屋館、台北館、石坊街ノ山梅館、二葉館、松浪旅館、小南門街の依姫館、撫台街ノ朝日館、新起街ノ山城館、新起横街ノ和泉旅館等ナリ [村崎長昶1913: 40][10]

10　このうち、『大旅行誌』で書院生が宿泊先として明記しているものと一致するのは、鉄道ホテル、日ノ丸館、一丸館、台中館の4軒である。このほか観光案内でも宿泊先一覧があり、台湾

また、旅行記・紀行文にも宿泊施設に関連した記載はあるものの、例えば鉄道ホテルでの台北商工会議所主催の午餐会に参加したり［井上忠雄1927: 30］、台北ホテルに宿泊し、鉄道ホテルでの台北官民の歓迎会に参加したり［徳富猪一郎1929: 15, 27］、概して高級志向である。では、書院生たちは台北滞在中は、どんなところに宿泊していたのか。

台中館に投宿［誌6: 326 (10期1912)］
一丸旅館に投宿［誌15: 685 (20期1922)］
車中で台南放送局の某氏に紹介された駅近くの日の丸屋に落付いた［誌24: 445 (29期1932)］
父の紹介で鉄道ホテルに泊る。台湾第一のホテルだ［誌25: 468 (30期1933)］

こうした例のように観光案内に挙がるような名のある施設に泊まることもあったものの、それはかなり例外的なことであった。例えば父親の紹介で最高級の鉄道ホテルに投宿してしまった場合などは、当然「ふところの寒いこと。上海を発つて以来二十二日目。旅費のなくなるのも無理はない」［誌25: 468 (30期1933)］といった悩みがつきものであった。初期には先輩の周旋で北門街の某旅館への宿泊を記述していたり［誌5: 374 (9期1911)］、また、三橋屋なる旅館への投宿が散見される年度もあるが[11]、以下の記述にあるよ

博覧会協賛会［1935］『台湾の旅』には「鉄道ホテル、吾妻、日の丸館、朝陽館、萬屋、花家ホテル、摂津館、台北ホテル、太陽館、新高旅館、鶴家旅館、明治旅館、松浪旅館、一丸旅館、台北館、大丸旅館、朝日館、大和館、山梅ホテル、肥後屋、日乃出旅館、常磐館、寿旅館、小林旅館、集英館、進興館、永楽ホテル、高義館ホテル、千代館、台湾ホテル、大世界ホテル、嘉義閣ホテル、金山館、醍溟ホテル、福井館、四川館、大東ホテル、台南館、日英館、興仁館、大平館、福徳館、東南ホテル、蓬莱ホテル」の44軒が挙げられ、鉄道ホテル、日の丸、一丸の3軒が一致する。台湾総督府鉄道局鉄道部［1937］『台北とその附近』には「台北鉄道ホテル（表町）、日の丸（明石町）、朝陽号（表町）、吾妻（表町）、萬屋（表町）、花家（本町）、台北ホテル（本町）、新高（本町）、太陽（本町）、台北館（表町）、鶴家（表町）、明治（本町）、一丸（本町）、松浪（栄町）、朝日（大平町）、大和（大和町）永楽ホテル（永楽町）、高義閣（下奎府町）、台湾ホテル（建成町）、大世界ホテル（大平町）、山梅ホテル（栄町）、台南館（建成町）、大東ホテル（建成町）、嘉義閣（建成町）、金山館（大平町）、醍溟館（建成町）、日英館（大平町）、蓬莱ホテル（建成町）」の28軒が挙げられ、同じく鉄道ホテル、日の丸、一丸の3軒が一致する。

11 第15期生に「先ず三橋屋に乗込むで先発の三人に会つた」［誌11: 205 (15期1917)］、「上陸台北

うに総じて先輩、知人、友人のつてを頼っていることが分かる。

> 直ちに西君宅へ車を飛ばした（中略）其後数日間は御厄介になつて［誌10: 460 (14期1916)］
> 正午台北着、南新吾殿の邸宅に請ぜられ台北滞在中御厄介になる事となる［誌12: 284 (16期1918)］

このように、台北出身の書院生の実家や知人宅に厄介になっているが、台北出身者の場合、「自動車賃を奪(ママ)発して、家に急ぐ、お袋が細長い白い顔を出す。まあ早かつたね！ 一行五人？ まあ大きな人達ばかり揃つて来たね」［誌22: 266 (27期1930)］というように一行をひき連れて、揃って実家に泊まっている。上記「西君宅」の続きには「母君の心尽しの歓待には遠慮とては知らぬ僕も恐縮する許りでどうしても他所の家といふ感じはしなかつた福州辺の旅舎の事ども思浮べて金銭にて求め得らるゝ情の如何に冷かであつたかを思はずには居られなかつた」［誌10: 460 (14期1916)］というように大陸滞在中の宿泊と対照的に記述した例も見られる。また、しばしば先輩の勤務先の施設にも泊まっている。

> 栗山、紀両兄の御出迎を受けて台湾銀行合宿所にお世話になる［誌13: 266 (18期1920)］
> 早速東洋車の上にふんぞり返り台銀の住宅に身をくつろいだ時の気持たらない［誌13: 409 (18期1920)］
> 今春卒業の台銀室田氏の案内で、台北から電車の様な汽車で台北十万の市民の慰安の地北投温泉に向つた。台銀倶楽部に御厄介になる［誌17: 233 (22期1925)］

大方の書院生は手元不如意ゆえに先輩・知人を頼るのであるが、なかには見込みの無いままに台北に到着し、「台北では、同窓名簿を繰り〳〵しよぼ降りの中を尋ね〳〵て、全くくた〳〵に成つた所でやつと尋ね着き梶原氏なる門を叩いた。と同氏は御婦人の発熱の為重松氏宅へ行つてくれ、相談して

行の汽車に乗る。十時着。三橋屋に投宿」［誌11: 285 (15期1917)］、「三橋旅館に入る」［誌11: 375 (15期1917)］などの記述があるが、同旅館の所在等の詳細については今後の課題としておきたい。

あるとの由、踵を反して一足違ひで留守にぶつつかる所を門口で、とつつかまへたとは失礼かも知れぬが幸間に合ひ、召じ入れられてやつと腰を下ろし、一しきり先輩の思ひ出話を傾聴し、後台湾総督府専売局倶楽部に案内され其処で厄介になる事となつた」[12]［誌28: 416–417 (33期1936)］という強者もいて、あても無く台北に到着し雨のなか同窓名簿を頼りに世話になれそうなところを探して廻る涙ぐましさが垣間見える。

6．癒しの場としての温泉

台湾は温泉が多く、同時代の観光案内では台北近郊の温泉として天母温泉、草山温泉、北投温泉、金山温泉、烏来温泉などを挙げている[13]。台湾総督府鉄道局鉄道部［1937］『台北とその附近』は、草山温泉の説明に18行、北投温泉には36行を費やしており、両温泉が中心的な存在であったことが

12　滬友会［1955］所収「東亜同文書院・大学部・専門部卒業生並に在籍者名簿」の当該33期生以前にあたる1期生から32期生までのうち、梶原姓は19期生の梶原謙一氏と26期生の梶原英三氏の2名であり、重松姓は26期の重松敏夫氏と31期の重松保徳氏の2名である。同名簿を掲載する滬友会［1955］『東亜同文書院大学史』の31期生の項には卒業後の進路についての記述があり、梶原英三氏は「味之素（大阪、台湾、奉天）引揚後味之素、ますや、現蛇ノ目ミシン取締役」、重松敏夫氏は「満鉄、国際運輸重役、引揚後太陽化学研究所（福岡県）。」とある。なお、国際運輸は戦前大連にあった会社である。また、大学史編纂委員会［1982］『東亜同文書院大学史——創立八十周年記念誌』には各期に銘々伝があり、それによると19期の梶原謙一氏は「梶原謙一（長崎）台湾総督府専売局に入社。戦後有明村役場に勤務。」とあり、26期の梶原英三氏は「梶原英三（香川）長春商業、味の素、ハルピン・奉天・大連支店長。戦後満洲屋社長、蛇の目ミシン部長、三光ミシン専務、蛇の目ミシン顧問。柔道・相撲部の世話役、共済部幹事。」とある。また、26期の重松敏夫氏は「重松敏夫（福岡）平壌中学。満鉄鉄道部、一時各地方の治安工作に当たったが鉄道運輸に終始。大戦勃発時ハルピン監理所長、国際運輸支社次長、食糧の対日輸送に活躍。戦後豊国学園事務局長等。食堂等寮生活改善に献身、自治会名委員長で学内の信望を集めた。」との記述、31期の重松保徳氏は「重松保徳（福岡）ハルピン電業局勤務。引き揚げ後福岡通商局、宮崎企業局を経て宮崎県公営企業協会常務理事、事務局長。」との記述がある。大学史編纂委員会［1982］に記述された経歴からみて、文中の梶原氏は19期生の梶原謙一氏の可能性が高いと思われる。また、26期重松敏夫氏、31期の重松保徳氏はいずれも主に満洲で勤務しており、26期重松敏夫氏には「一時各地方の治安工作に当たった」との記述があるものの決め手に欠くが、いずれにしても二氏のいずれかであると思われる。この引用箇所のように、随所に書院の卒業生、教員OBの氏名（名字）が出てくるが、各人物の特定については今後改めて調査することとしたい。

13　朝日新聞社［1933］は金山、北投、草山、烏来の4件、鉄道省［1934］は北投、草山、烏来の諸温泉、台湾博覧会協賛会［1935］は台北州のそれとして北投、草山、礁渓、員山、烏来、金山、土場、台湾総督府鉄道局鉄道部［1937］は、天母、草山、北投、金山、烏来、台北市役所観光係［1938］は天母、草山、北投、金山、烏来を挙げる。

写真３　北投温泉博物館展示・絵はがき

分かる。『大旅行誌』には、蕃社見学のついでの深山温泉の記述があったり[14]、草山温泉については「和服を着た台湾人が流暢な日本語を操り日本人と仲よく話してゐる点など植民地に稀に見る麗はしい風景である。総督府は植民地に活動せる人士を慰むべく巨額の金を投じて娯楽機関を設置してゐる。草山温泉も其の一つで内容外観実に申分のない」［誌24: 446 (29期1932)］のように詳細な記述もあるが、書院生は台北に滞在した場合は、「翌日は西君の案内にて北投の温泉に浴す」［誌11: 285 (15期1917)］、「温泉場で湯上り姿で飲み暮し、大語し」［誌11: 285 (15期1917)］、「北投温泉にて一日の清遊に三伏の苦熱を忘る」［誌12: 285 (16期1918)］、「北投温泉に征塵を洗ふ」［誌13: 267 (18期1920)］、「昨日から此の北投に来て、湯に浸りながら旅の憩ひをなして居る」［誌25: 462 (30期1933)］のように、かなりの割合で北投温泉を訪れており、北投温泉に関する記述が圧倒的に多い。

大阪市教育会［1923］は16頁で北投温泉を「淡水鉄道、北投駅の北五町台北から三十分程の所に北投温泉がある。草山に比べると掬すべき野趣には欠けてるが、設備に於て、其湧出量に於て将又交通の便なる点に於て箱根・熱海の温泉郷にも勝る程のものがある」という風に客観的に紹介する。『大旅行誌』にもこれと同様に「北投温泉たるや台北を去る約三里汽車の便ありて之れに頼る時約二十分にして達する事が出来る山高く緑茂りて気は清く谷間流るゝ細き流れは涓々として珠を弄ぶ如く聞ゆ之れ即ちラジウム鉱泉を含むものにして北投の賑を為すのも之れに頼るのである遠地近地の葉蔭に見

14　「台湾に稀な然も屋外の深水温泉に浸れる」［誌32: 319–320 (38期1941)］、「深水温泉でゆつくり湯に浸つた」［誌32: 320 (38期1941)］など。

江つ隠れつしてをるのは即ち温泉宿であつて稍広き平地に公共浴場[15]なる建物がある一日の浴客に対しては頗る便利なのである台北十万の人士が汗に汚れ一週日の疲れを日曜を待つて家族打連れ来り医すには充分である」［誌10: 461（14期1916）］のように、観光案内の紹介文的な淡々とした記述も散見される。しかし、絶対多数は温泉での時間を主観的に描写したもので、「台銀の倶楽部で過した一週間。旅の終末を告げるには余りに退屈な時間でした」［誌23: 359（28期1931）］という否定的な記述1例を除けば、概ね温泉での憩いや楽しさを語ったものである。

> 停車場から四五丁で公共浴場に達する階下の浴槽に身を浸して足を伸ばすと一時に旅行中の疲れが取れてしまふやうに思ふ階上の大広間へ上つて来て横になつて居ると自働ピアノが一隅から喰へ入る様な音をして曲を奏でゝ居る谷川の流れ涓々たる自然の音楽も又捨て難い何時しか吾身は陶然として極楽浄土の客とならざるを得なかつた醒むれば怪しかりし空の雨を誘ふて青葉打つ音又興多く時々しぶきて見えつ隠れつする向への温泉宿一幅の絵となり幽雅なる事は実に仙境も斯くやと思はるゝ位である一日にして帰るを惜しみし連中の多かつたのも無理のない事である［誌10: 462（14期1916）］
>
> 八日は朝早く北投へ向け出発、途中台湾神社に参拝して後ガソリンカーを新北投駅で下りて、台湾銀行の倶楽部で一夜を明かし百人風呂に浸り温泉気分を満喫した。前には温泉の作る小渓流を包んだ深山あり、その間に点綴する温泉宿あり、夜ともなれば裏山には梟の鳴くあり、詩人の詩を賦す代りに、一行は尺八を手にして一層幽雅な気分に浸入したのだつた［誌28: 417（33期1936）］

『大旅行誌』に記された書院生の記述の多くが、温泉そのものの特徴を記す数多くの同時代資料と異なるのは、実際に温泉に浸り癒されるひとの体験や心情そのものが表現されていることであろう。詳しい発行年は定かではないものの戦前の観光絵はがきにも「北投は大屯山彙の一渓谷にある緑樹木

15　昭和十年十月版『北投草山公共浴場案内』によると同公共浴場の設立沿革は「大正二年六月公共衛生費支弁ニテ設立、大正十年四月州に移管ス」とあり、14期生の記述当時は設立3年目の新しい施設であったことが分かる。

鬱蒼たる温泉境で、台北市に程近き郊外にあり、僅かな時間でこの泉郷の人となり得ることは台北都人士の幸福である」と記され[16]、旅行記スタイルの案内文でも「北投停車場に下車すれば北投の温泉あり、台北からの遊び場所として第一の処」[落合昌太郎1915: 279]と記されるように、北投温泉は台北近郊で押しも押されぬ癒しの名所であった。書院生たちが台北滞在の折りにこぞって此処を訪れ、「もう二三日、北投の風呂に浴して見たい。而し。スケジユールは、私達の出発を余儀なくせしめた」[誌22: 269 (27期1930)]のように後ろ髪引かれる思いで北投温泉をあとにしたのも首肯ける。特に「宏大な浴場に入つて泳ぐやら跳るやらして楽しむこと一時間」[誌11: 375–376 (15期1917)]や「先づ汗と煤煙で真黒になつた身体を霊泉に浸して台湾の汗を流した。上つてから浴衣で主客十三人ビールの満を抜き、興につれて唱ひ躍る。此処は全く別天地だ」[誌17: 233 (22期1925)]、「午後北投の温泉に人間並に自惚れて磨き立てに行く、大きな醜男が揃ふて無邪気満々に游ぎ回るやらもぐるやら大騒ぎの一幕を演ず、それで少しは美しくなつた様な気がするから不思議だ」[誌13: 410 (18期1920)]の 3 つの記述に代表されるように、いずれも温泉に遊ぶ様子が『大旅行誌』には生き生きと描かれている。

7．台北市内・郊外見学のさまざま

台北とその近郊には実に様々な見所があった。例えば台湾総督府鉄道局鉄道部[1937]『台北とその附近』は総督府鉄道部による台北の見所案内の冊子であるが、冒頭に「総督府の高塔、白堊の博物館、精巧極りない龍山寺の建築、三線道路の並木、栄町、本町、京町、太平町通りの賑ひ、これ等のみが人口三十万を有する島都の全貌ではない。一歩近郊に湯の香を尋ね、緑風を衝いて史蹟を探つて始めて大台北を視察したと云ふ可きである」との記述があり、見所として公会堂、台北帝国大学、台湾神社、剣潭寺、動物園、銭南護国禅寺、圓山公園、台北橋、城隍廟、大稲埕市場、西門町、龍山寺、淡水河畔、植物園、商品陳列館、建功神社、総督府庁舎、新公園、博物館、芝山巌、天母温泉、草山温泉、竹子湖、大屯国立公園候補地、北投温泉、淡

16　北投温泉博物館展示・絵はがき「台北観光北投入湯記念・麗しの泉郷」より。

水、角板山、紅毛城址、ゴルフリンクス、海水浴場、観音山、富貴角灯台、金山温泉、新店碧潭、烏来温泉、林本源庭園、石壁湖山圓通禅寺、中央研究所、専売局、同各工場、高商・高校、鉄道工場等の建物、さらに劇場、ダンスホール、土産品、旅館、ハイキングコースなどを紹介している[17]。

また同時代に刊行された写真帖の一つである台湾総督府総督官房文書課[1908]『台湾写真帖』は、台北庁内については、台北市街全景、台湾神社と明治橋、台湾総督府と其公室、総督官邸と民政長官官邸、台北公園の児玉将軍寿像と台北城壁、剣潭山警察官招魂碑と錫口街土匪来襲の遺跡、台北停車場の今昔、台北郵便局と博物館、専売局と阿片・樟脳及煙草三工場、台北医院・医学校と赤十字社台湾支部病院、苗圃と農事試験場、国語学校、中学校と台北第二小学校、台湾銀行と台湾日日新報社、陸軍部と兵営、圓山公園眺望と淡水河岸、亀山発電所と古亭庄配電所及水道水源地、芝山巌学務官僚遭難碑と北投温泉、淡水港と英国領事館、枋橋林家の庭園の全20件を掲載している[18]。

紀行文なら、徳富猪一郎[1929]『台湾遊記』に詳細な記述があり、台北停車場、台北ホテル、総督官邸での晩餐会、台湾神社、明治橋、剣潭寺、三橋町の明石総督墓・乃木大将母堂の墓・大将夫婦遺髪碑、建功神社、植物園、龍山寺、鼓楼、蓬莱閣、大橋町・台北橋、博物館、病友訪問、西門市

---

17 同じく観光冊子で、朝日新聞社[1933]『最新日本名所案内』「台湾地方」の項で、台北周辺の名勝旧蹟として、台北公園、龍山寺、台湾神社、淡水、新店碧潭、林本源庭園、角板山、新竹神社の8件、温泉場として、金山、北投、草山、烏来の4件を挙げる。台湾博覧会協賛会[1935]『台湾の旅』は、台北周辺の主なる観光地として、旭ヶ岡、クルーベ浜、淡水、新店碧潭、大屯山彙、平山(以上台北州)、角板山、五指山、獅頭山、大渓(以上新竹州)、北投・草山・礁渓・員山・烏来・金山・土場の温泉、台湾神社、建功神社、植物園、龍山寺、孔子廟、博物館、東西本願寺、淡水、ゴルフリンクス、北投、草山、新店、林本源庭園(板橋)、烏来、圓山附近などを挙げる。台北市役所観光係[1938]『観光の台北』は、市内では「台湾神社、圓山公園、圓山運動場、剣潭寺、孔子廟、台北橋、城隍廟、永楽市場、北門、中央卸売市場、西門町市場、公会堂、商品陳列館、総督府、市役所、州庁、中央研究所、専売局、新公園、博物館、龍山寺、建功神社、植物園、南菜園、水源池、帝国大学、明石将軍墓、乃木将軍母堂墓」を挙げ、市外では「芝山巌、天母温泉、草山温泉、竹子湖、北投温泉、淡水、富貴角灯台、石門、金山温泉、八里ヶ浜、海水浴場、林本源庭園、新店碧潭、烏来温泉、角板山」を挙げる。

18 写真帖では、葛西虎次郎[1911]『台湾風景写真帖』もあるが、台北については「官幣大社台湾神社、明治橋、総督府官邸、新公園ノ全景、博物館ト土木部、台湾歩兵第一聯隊第一大隊全景、台湾歩兵第一聯隊第二大隊ヨリ」の12件を掲載している。

場、南門、新店、鉄道ホテル、図書館、中央研究所、台湾総督府、総督官邸、台北病院、水源地、台湾総督府中央研究所農業部、台北帝国大学、専売所、高木友枝翁の邸というふうに訪問先を訪問順に逐一丁寧に記している[19]。同時代の各資料とは対照的に、前項の北投温泉を除くと、『大旅行誌』は「自由に市内見物を為す」[誌12: 285 (16期1918)] や箇条書き的な「此日総督府医学校中学校水源地監獄署等を視る」[誌5: 382 (9期1911)]、「台湾神社北投温泉水源地博物館等を一通り見尽した」[誌9: 164 (13期1915)]、「雨中の草山、台湾神社、植物園、大学、三線道を車で走る」[誌22: 267 (27期1930)] のような素っ気ない記述は例外としても、いわゆる見所について言及する対象はきわめて限定的である。比較的詳細な記述があるものは次の通りである。

⑴ 台北病院

まず、台北病院は、徳富猪一郎 [1929] が『台湾遊記』で2頁半の紙幅を費やして紹介し、32頁で「実に台湾の誇りである」と評価しているが、『大旅行誌』にも同様に同病院を評価して「完と美とを尽す台北病院を見学す、気候風土の良好ならざる植民地には是非とも這麼な医院は必要だと感ぜらる」[誌12: 284 (16期1918)] という記述がある。その他2例はいずれも「無我夢中で台北病院に辿りつく、急性肺炎の診断を受けて入院した」[誌21: 36 (26期1929)]、「南支港勢調査班の杉原君が（中略）本朝台北病院に入院せる」[誌21: 443 (26期1929)] という入院に関する記述である。

⑵ 台湾神社[20]

台湾神社については、徳富猪一郎 [1929] が極めて詳細に記述しているほか、落合昌太郎 [1915]、大阪市教育会 [1923]、井上忠雄 [1927]、篠田次助 [1931] もそれぞれ一定の記述がある。一方で、『大旅行誌』では、ごく一部の記述に「台北神社に詣で、想を過去に寄せ、畏くも白馬銀鞍に打跨

19 大阪市教育会 [1923] は総督府、台北州庁、台北市役所、博物館、専売局、林業試験場等の官衙や医専、農林等の学校、銀行会社等の建築物、公園水道等文明的な諸施設、台湾神社、芝山巌、大屯山の雪、草山温泉、北投温泉、淡水街などを見出しとして取り上げてコメントしている。井上忠雄 [1927]『台湾へ』が言及するのは、台北駅、官幣大社台湾神社、勅使街道、商品陳列館、鉄道ホテル、専売局・同工場、博物館、総督官邸、頁薈芳と呼ぶ支那料理屋の各所である。

20 書院生の台湾旅行における神社については、本書掲載の加納寛論文「東亜同文書院生が見た台湾の神社——1910年代～1930年代」参照。

り、細身の太刀取らせられ、軍中に立ち給ふ、殿下の御勇姿偲ばれ吾袖を搾りぬ」[誌11: 285 (15期1917)]、「吾々一行は途中圓山にて下車して台北神社に詣る事とした。動物園を過ぎて程なく大なる鳥居を見る之れなん即ち畏多くも金枝玉葉の御身を以て自ら陣頭に立たせられ仇する蛮民を鎮め給はしも不幸病を獲て遂に神去り申せし北白川宮殿下の御霊を祀れる台湾神社である」[誌10: 461 (14期1916)] のように北白川宮に言及するものもある。しかし、概して「十一日。雨中東洋車を駆つて台湾神社に参拝し次に博物館を観る」[誌6: 326 (10期1912)]、「台北神社を参拝」[誌12: 285 (16期1918)]、「時の過ぐるも知らで（温泉で：筆者注）遊び、帰途は台湾神社に詣で」[誌11: 376 (15期1917)]、「正午北行して丸山公園に参指し」[誌13: 267 (18期1920)] など移動経路を記すばかりの簡潔な記述が多い。

(3) 専売局と陳列館・樟脳工場

専売局については複数の記述がみられ、専売局長から総督府の対支事業、専売事業について説明を受けたり [誌12: 284, 285 (16期1918)]、機関車パイオニヤ号の展示を見つけて上海を思い出したりするが [誌22: 267 (27期1930)]、何よりも専売局の樟脳工場を見せて貰って「余りに強い刺戟で、息づまりそうである」[誌21: 443 (26期1929)]、「雪とまがふ真白な樟脳の山、目も鼻も痛いばかりの香りであつた」[誌28: 417 (33期1936)] というようにかなりの刺激臭に戸惑う様子が鮮明に描かれている。

(4) 台湾人街に関する記述

紀行文の「鉄道の発達した為に艋舺（現在は萬華）は大に淋びれて僅に昔の面影を留むるのみ」[大阪市教育会1923: 12]、観光案内の「大稲埕（台北の商業区で全台湾の中心市場である。特に米と茶の取引が多い。なほこゝは本島人の集つた所で支那風の生活風俗を続けてゐる。)、万華（台北最古の市街で盛場である、劇場、映画館、カフエー其の他の享楽機関が集まつてゐる)」[鉄道省1934: 71] と同様に、『大旅行誌』にも「大稲埕と艋舺とに足を踏み入れて見た。巡撫の劉錫傳が商業地域に定めた丈けに、市政又自ら往時と現代の錯綜を感じ、一見商業殷賑地域たるを知る。本島の重要輸出品たる茶の取引は此の地に限られ、尚艋舺は往時繁盛を極めたが、今は基隆の殷盛に押されつゝある」[誌22: 266 (27期1930)] といった概説的な記述がある。一方で、「本島人街も一巡した。本島人街に来れば日本人町の清楚美麗なるに比し、上海の徐家匯であり北京路の延長である」［誌24: 446 (29期1932)］のように彼らの本拠地である上海に重ね合わせた特徴的な記述もある。

⑸　その他市内各所

その他、市内の各所については、総督府［誌22: 266–267 (27期1930)］（農業科、病院）、植物園［誌21: 443 (26期1929)］、博物館［誌12: 284 (16期1918)］、中央研究所［誌12: 284–285 (16期1918)］、監獄［誌12: 284 (16期1918)］、大稲埕三井製茶［誌12: 285 (16期1918)］に言及するものもあるが、いずれの場所についても1例もしくは2例あるのみで総体的な印象を言えるほどではない。

⑹　その他郊外・蕃社見学

先輩が経営する炭礦見学に言及したものもあるが［誌28: 417 (33期1936)］、『大旅行誌』では、台北郊外で訪問すべき場所の代表として蕃社が比較的多く記述されている。

> 台北庁から入山許可書を貰つた二人は此日一泊の予定で蕃社行と出掛けた［誌9: 164 (13期1915)］
> 烏来の蛮社訪問を計画し、台北軽鉄の便により遥に霞む深山に無上の趣味を抱きて、蛮社に入る［誌12: 285 (16期1918)］
> 早朝から旅装を整へ乗合自働車に揺られて新店に着いた。台北新店間は約二里半ある。入蕃許可証を受けて入山する［誌16: 525 (21期1923)］
> 未だ蛮地の見物もしないで未練がある［誌10: 462 (14期1916)］

北投温泉への突出した関心の高さに比して、その他の個別の事象に対する印象は総じて些か薄いようでもある。また、台湾博覧会協賛会［1935］『台湾の旅』には、「台北の歓楽境」として、検番、料理屋、カフエー、ダンスホール、遊郭が紹介されているが、『大旅行誌』は正課の記録でもあるためか、書院生はこの方面については特に何かを記述している訳ではない。

8．『大旅行誌』の記述にみられる日本的なもの

日本の内地から台湾を訪れた同時代の旅行記・紀行文は、いわば内（ウチ）を出て外（ソト）を見ているためか、日本的なものに関する記述が見られないのに対して、書院生は外（ソト）で学んでいる身であり台湾に内（ウ

チ）を見いだしているような記述が多い。

> 台湾人の若い者は皆邦語を操る、一とかどの文明人なる是等の青年が内地人気取り和服をまとひ得得たる横着者も屢々見受ける、彼等は雑誌を読み小説に耽り、新聞に目を通すなど、余程日本化している［誌12: 299 (16期1918)］
> 殊に本町通りは道路に広く建物も頓整して居て、全く日本気分で、遠く赤道指して行く旅の遊子二人にとつては特になつかしく感ぜられた［誌21: 442 (26期1929)］
> 汽車弁当も米が米丈けに、内地のそれを思はせる［誌22: 266 (27期1930)］
> (西君宅で：筆者注）ヘルメツト姿に書院の学生たるを察せられて導かるゝまゝに風豊かなる坐敷にて和服姿に換へた時の心持は是れも吾身かと疑はる程であつた［誌10: 460 (14期1916)］
> 汽車に昇降する日本人の浴衣姿がとても懐かしい。台北迄の車中は邦人が多かつた［誌17: 231 (22期1925)］
> 浴衣に下駄で散歩す［誌5: 374 (9 期1911)］
> 浴衣が短いかも知れんけれど、——間に合ふかしら［誌22: 266 (27期1930)］
> 妹が起こしに来る。畳の上は又格別の味ひがある［誌22: 267 (27期1930)］

これらの記述にみられるように、台湾本島人の日本語力と日本化、街並の日本的なこと、米の種類、そして和服、浴衣、下駄といった和装、そして何よりも畳というように、書院生たちはことさらに台湾に存在する日本らしさに懐かしさと安心感を表現している。また、「台北の夜は美しかつた。官民合同の大提灯行列が盛大に催されるのを后に、吾々は船の都合上その夜九時の急行で南へ〳〵と急いだ」［誌17: 232 (22期1925)］で語られる提灯行列も極めて日本的なものである。そして、娯楽も一種の日本的なものとして括ることができよう。基隆での市川小団次一座による『国定忠治』や［誌9: 163 (13期1915)］、台北市内での『佐倉義民伝』の観劇［誌10: 461 (14期1916)］、そして活動写真で四人の悪魔のサイレントの見物など［誌22: 267

(27期1930)]、台湾で「日本」の娯楽を堪能した好例と言えるだろう。また「この亜熱帯気分に加ふるに日本的気分を加味しておる所は一種変態の風俗にして、日台折衷文明の産物である、日台文明の混血児たる台湾人の子弟は皆日本人を教師として、日本語を習ひ、各学科共日本の学校にて教へ込むものと殆んど同じである」[誌12: 299 (16期1918)] という記述などは懐旧とはまた別物の「日本」を指摘した例と言えるだろう。

9．誰に会い、誰の世話になったのか

大調査旅行では、各地で活躍する先輩諸氏や現地の法人、そこに所属する人物からの援助・協力を受けたり、面会したりすることが多かったが、「日本」国内である台北も例外ではなかった。まず、個人的な援助・協力・面会に関する記述については以下のような例があり、個人名に言及しているものも多い。

正午過ぎ台北着栗山、紀両兄の御出迎を受けて [誌13: 266 (18期1920)]
此夜吉村分部鈴木の諸兄の歓迎を受けた [誌6: 326 (10期1912)]
今日は西君の母君から一同招待を受けた [誌10: 460 (14期1916)]
僕等福建班六名に広西の後藤氏を加へて主賓七名に主人側は下田前教授、藤巻、古江、古川、大山、門脇の六氏にて淡水河を前に控へた吾等の坐敷 [誌10: 460 (14期1916)]
夕食後龍口町のお宅に松田介三先生を、お訪ねすれば、相変らず元気で我々を迎へて下さつて、話しはそれからそれへと進んで懐旧談に花が咲いたのであつた [誌21: 443 (26期1929)]
総督官房調査課に、先輩である小林氏をお訪ねすれば、色々と南洋に関する予備智識の部類に数ふべきものを与へて下さつたり、仝課の方で最近南洋方面の視際(ママ)を終へて帰られた方を紹介して下さつた [誌21: 442 (26期1929)]
台銀に先輩大島氏を訪ね、市中観光へ多大の便宜をあたへて頂く [誌25: 468 (30期1933)]
九日夕方新竹駅より一つ手前の竹北駅で下車、陳先輩を訪れ一夜の宿を請ひ台湾料理の御馳走に与つた [誌28: 417 (33期1936)]

これらの記述も含めて、大調査旅行中の当人及び当該年度生以外で、『大旅行誌』で挙げられている名前は、それぞれ年度毎に、第10期が吉村、分部、鈴木の各氏、第14期が下田前教授、藤巻、古江、古川、大山、門脇、三原の各氏に西君の母君、第16期が賀来専売局長、下田先生、南新吾、濱田、柳瀬の各氏に古川、森の二先輩、第18期は栗山、紀、古河の各氏、第26期が松田介三先生、小林、岡田、高須、郷野、宜保の各氏、第30期が大島氏、33期が陳氏である。面会はもちろんのこと、歓迎宴を催してもらったり、情報提供、施設見学・参観、市内観光、宿泊先の斡旋、食事の提供などの援助を受けたり、先輩の経験談を拝聴したりしている。

また、法人や名前に言及しない複数名に世話になっていることも多く、その最たるものは以下の3つの例のように、鉄道パス・乗車券を与えられたことである。

> 善は忙げで早速鉄道部へ出頭色々交渉の結果計画見事成功して遂に台湾縦貫鉄道全線のパスを頂戴致しました［誌10: 463 (14期1916)］
> 総督府鉄道部に至り乗車券(パス)の下附を得［誌13: 267 (18期1920)］
> 仲立班の加藤君及谷口君と共に鉄道部に全線パツスの交渉に行く、幸に許さるやつぱり学生に限るわい［誌13: 409 (18期1920)］

V．台北の総体的印象の記述

ここまでは台北にまつわる個別の事象に対する記述の特徴について見てきたが、『大旅行誌』には台湾、そして台北を一つのまとまったイメージとして捉える記述も多い。

> 台北は完全無欠の如うに見える、が然し静かに考へて見ると台北は身分不相応な服装を強制せられてゐる惨めな都市ではあるまいか、台北は商業の町ではない官吏の町である、徒らに外観の美と威容を整へる事にのみ汲汲として来た一般市民は内輪に火の車が廻転してゐる、売上の少ないのに立派な家に住まなければならない茲の商人には浮沈定まりない運

命がある、余り広過ぎる道を前にした市街は人通が少く見えて活気の漲ぎつてゐる殷盛さを知らない、勢い物価は騰貴する、一般市民の苦痛や察すべしである［誌11: 206 (15期1917)］

このように官僚支配に対して批判的に記述するものは1例のみで、これを除けば都市としての台北に対しては概ね好意的な記述が多い。

台北は流石に大きい［誌11: 205 (15期1917)］
台北は爽々しい都市である［誌11: 206 (15期1917)］
僕は台湾滞在中に台湾は清潔なよく整頓した処だと思つた［誌11: 376 (15期1917)］
私は台北市を見て、小巴里と言ふのを、惜しまない［誌15: 685 (20期1922)］
近代的な大都会の空気が台北の空に漲つてる［誌23: 358 (28期1931)］
其処は都会といふ概括的な観念で其処に存在する総ての事物と現象を律し去られ得る資格を持つてる［誌23: 358 (28期1931)］

肯定的に捉えた記述からは、「新領土とは云へ既に領台後二十年何と云つても吾日本の地」［誌10: 457 (14期1916)］である台湾にあって、「台北は台湾の首都丈け流石に宏大なる市街である。新らしい市街丈け整頓して」［誌6: 326 (10期1912)］おり、「全然新設市街の色彩に染められた町である日本人の都市経営として是以上を要求する事は出来ない位完備した町」［誌11: 205 (15期1917)］にして、且つ「台北は数多くの見るべき場所がある台湾一の都、台北は何処へ持ち出しても、恥しくないだけの体裁を充分備へて居る」［誌25: 468 (30期1933)］というような見解が示されている。

上述のように台湾の「主都」たる台北に対しては、ほぼ肯定的な評価に終始するが、台湾全体に眼を転じてみると状況は些か異なる。一方では、大陸的色彩とは異なる南国的色彩に優れ[21]、のどかな田園世界と共存する形で[22]、

21 「大陸の如き広茫雄大荒涼壮厳とか崇高とか云ふ著しい大陸的色彩はないが、幽厳美麗とか云ふ南国的色彩は遥に優ておる」［誌12: 299 (16期1918)］参照。
22 「水牛の可笑気なる、群なす鷺の白き、夕顔の紫なる、胡瓜花の黄なる皆忘れ難し」［誌13: 266 (18期1920)］参照。

斬新かつ大規模で内地の消極主義では及ばない発展に言及しつつも[23]、「直感的に映じた台北、東洋車の清潔なる事、街並の整頓せる事及腰間に短剣を吊れる金筋の光の多き事僕は商業地ではないな！と思ふた」［誌10: 460（14期1916)］にあるように、「腰間に短剣を吊れる金筋の光の多き事」つまり官僚支配の現状を間接的に指摘する。また、この地の「暑いのには少なからず閉口した」［誌11: 376（15期1917)］のはともかくとして、「美麗な外貌を持てゐながら所々に其包み切れない惨めさを曝露して」［誌11: 206（15期1917)］、「内地の不景気風はこの地に迄飛火して、教員と云はず役人と云はず、商人と云はず、異口同音に「もう台湾も駄目です」と云ふ悲観的弱音を吐かしむるに至つた」［誌12: 298（16期1918)］、「内地人は頓に振るはず、本島人に根強く圧迫されてしまつてお役人でなければ巾が利かないと言ふ貧弱さである」［誌21: 444（26期1929)］などの否定的な記述が次々に現れる[24]。また、書院生同士の次のような議論も記されている。

> 林君と大いに議論に花を咲かす、氏は官僚の台湾統治に関し大いに其弊を説く、一言氏の詞を借りんか下級官吏就中巡査輩に至る迄本島人に対しては私情に左右されて官権を濫用さるゝ事屡なりと故に封建時代の泣く子と地頭には勝たれぬと云ふかの俗諺の今尚台湾に適用せなるゝを見ると実に慨すべきならずや［誌13: 407（18期1920)］

都市としての台北に対しては総じて積極的に評価する傾向が顕著であるが、他方、植民地としての台湾全体については、「国際的な上海に育まれた我々（書院生：筆者注）の眼に映じた此の地は余りにも小さい存在」［誌21: 444（26期1929)］であり、『大旅行誌』の記述を書院生の見解の総体として考えた場合、商業という民間の活力よりも「泣く子と地頭には勝たれぬ」官僚統治の傾向が過ぎることに疑問を呈し、植民地経営の発展の過程と現状を

23 「台湾は新開地であるだけ総ての事業は斬新にして規模が大である。即ち学校も官衙も堂々たる建築にして、内地の消極主義の及ぶ所でない」［誌12: 299（16期1918)］、「台湾の第一印象は奇妙な所なりの一句に尽く。内地とは様子全く異なれど矢張り親しみ易すく原始の野に文明の斑点を落せる如し」［誌13: 266（18期1920)］参照。

24 このほかに「一体内地にゐて台湾に行く人を見ても解るではないか台北の町を一見すると其理髪店と煎餅屋の矢鱈に多いのに気が就く是れが台北の商人に落武者の意外に多い事を語る好材料である」［誌11: 206（15期1917)］などの記述もある。

正と負の両面から正確に評価することの必要性を主張しているようにも見てとれる。

VI. 台湾の海外領（≒植民地）経営に関する記述

例えば、大旅行で南方ルートのハブであった香港はイギリスの植民地であったが、塩山正純［2017］でも指摘したように、書院生たちは『大旅行誌』のなかで「不毛の島嶼、不健康地、つまらぬ禿山」にすぎなかった南方の自然豊かな一島嶼を、わずか数十年で、上海に並ぶ東洋第一の都市たる「香港」として創造し得たイギリス人の英知、意気、努力に感嘆し、尊敬の念を記述していた。一方で、日本の海外領である台湾についても様々に言及している。

> かゝる大々的市街建設は総督府の威力にして初めてなし得る快挙である吾等はこの光景を見て台北はひとり台北の首府たるのみならず他年太平洋の我利権拡張の中心地とならんと想像して無限の快感禁ず可らざるものがあつた［誌5: 375 (9期1911)］
>
> 植(ママ)民地建設には力と愛とが必要である。力は統一を意味し、愛は沙漠に建てられた丸木小屋をも黄金の殿堂と化す。台湾は此の意味からして申分のない殖(ママ)民地であつた［誌24: 450 (29期1932)］

このほか「此発達が領台以来僅か十数年の間に成されたといふに至つては大に誇るに足る」［誌5: 382 (9期1911)]、「歴代統治者の熱心なる努力の結晶として、現今の如き正備せる家屋敷に築き上げ（中略）日本が東亜の代表として見事に台湾経営の歩を進め亜細亜人のために気を吐いてこの断定を裏書したのは痛快事」［誌12: 298–299 (16期1918)]、「治台政策の効果が今や台湾をして全くの安楽境と化せしめた」［誌23: 165 (28期1931)]、「当局者の苦心に満腔の敬意を表する」［誌23: 105 (28期1931)］のように、その視点こそ様々ではあるが、植民地経営をプラス面からのみ捉えたこれらの記述がある一方で、以下のように、別の角度から言及したものも見られる。

> 歴代総督の虚栄と地質に適合しない欧米文化の強制執行とである。こう

云つたとて解るまいが一度総督となつた者は自分の在職中何か後世に残る施設をしたいと云ふ淡い虚栄から今までの総督は必ず何か見立つ事をする其結果が経費の膨張となる民の苦しみとなる、それから其下役人が徒らに欧米文化を鵜呑みにしたのを民度に適不適を省みる余裕もなく強制した為めに民の苦しみを産むでゐるのである［誌11: 206 (15期1917)］

このように、全体としては台湾における植民地経営のプロセスと現状を礼賛、肯定するような記述が多い一方で、決して礼賛、肯定一辺倒ではなかったことが見てとれる、割合としては多くはないものの、上記の例に加えてさらに「台湾の様に原住民族が移住社会群より多人数なる場合には同化主義は困難である。如何に権力で強制したところで、彼等が本島人街実質的には支那街といふ地域を形成してゐる限り其処には当然根強い習慣性が遺憾なく発揮される」［誌24: 446–447 (29期1932)］、「いくら同化主義を絶叫し台湾人に日本の教育を授けたところで先づ日本人に於て封建的なプライドを放棄せざる限り台湾をして平和な楽土郷と化すことは出来ないだらう」［誌24: 450 (29期1932)］といった現代的な常識とも合致する客観的事実の認識にもとづいて批判的な記述をしている例も見られることは重要な特徴であると言えるだろう。

まとめ

大旅行の台湾滞在は、「一体、台湾は旅をしても、そんなにいゝ所とは思へませんでした。尤も、四、五日で見て廻つたせいもありませうが」［誌26: 220 (31期1934)］という記述にみられるように、概して短く“走馬看花（大雑把に物事の表面のみを見る）”であることが少なくなかった。また、書院生たちは、本来の大陸での大旅行の苦難とは正反対の安穏とした滞在については「大名旅行から生れる皮相の見解しか持ち得なかつたことを考へ合せて呉々も遺憾」［誌24: 451 (29期1932)］とも記している。岩田晋典［2015］に「台湾は、つねに「日本」を味わうための訪問地として選ばれたのではなく、そのときの政情によってやむを得ず選択されたこともあった」とあるように、運悪く中国大陸や南方を廻れず諸事情で台湾にまわされてきたというのが、書院生たちの偽らざる心情であろう。また、台湾上陸時の印象を記した「こゝは、実に官吏の天国でして、官僚臭が漲つてゐるのです。それは台湾に入つた誰もが、直に感ずることだらうと思はれます」［誌26: 220 (31期1934)］、「台湾ですね。あの税関吏の私達に対する態度。これで完全に気分をこわして終ひましたよ」［誌27: 266 (32期1935)］といった記述に象徴されるように、書院生は官僚的なもの、ひいては台湾における官僚による統治に対して極めて強い嫌悪感をもっていたことが見てとれるのも事実である。

その一方で、記録を総合してみて見えてくるのは、ネガティブな感想にもまして、「日本」的なものへの懐旧を肯定的に描く傾向である[25]。

> 此夜十時台北に帰着す、暫くの旅であつたが離れて居ると懐しい情が起る殊に知らぬ異境の一人旅は尚更である［誌5: 382 (9 期1911)］
> 久し振りに日本の汽車に乗り多くの同胞に接し窓外万物生々の山川を望んだ時実に親しい懐しい感がして恰も故山に帰つた様な気がした［誌10: 457 (14期1916)］
> 文明の利器たる此の怪物（汽車のこと：筆者注）が何の苦情も言はず運んでおる窓から瞳を放てば福建にて見し山の緑と色は変らねど何となく親み多く緑樹の間に点綴する支那家屋も調和善く視江る庭前に戯れて居る小孩子如何に幸多き事であらう［誌10: 459 (14期1916)］
> 台湾は何んと云ふても日本の地である。無数の日本人と日本の家を見て誠に懐しい親しみを感ずる［誌16: 524 (21期1923)］
> 台北の二週間の滞在は全く苦難の旅と云ふ気持が洗ひ流された様なのび〳〵したものだつた。ウライ幽境への清遊、北投温泉の静養、台北市内の夜の散策。台北は忘れられない町の一つとなつて僕の脳裏に深く印せられた［誌23: 247 (28期1931)］

不本意な訪問にして、しかも出ばなで官憲、税関で嫌なイメージをもつものの、滞在を終えてみれば、「台湾の旅行も愉快だつた」［誌23: 247 (28期1931)］という記述に象徴されるように、総じて愉快な滞在となっていることがその記述に現れた心情からも見てとれる。これは観光案内の客観的な記

25 岩田晋典［2015］67頁も台湾経験の４つのポイントの１つとして、「「日本」としての台湾」を挙げて、書院生が台湾を日本の一部に数えて記述する例が少なくないことを指摘している。

述や、本土からの訪問者の外（ソト）的なものの発見の記述とは異なる、書院生による記述の一つの特徴であると言える。

そして思い出を記す際のたとえ話も、どこか本国の身近な文化を彷彿とさせるような特徴がある。北投で金がない中で過ごす場面を記した「然し僕等は『腹は空いても、ひもぢゆうない』と千松の一くさりを呻りながらトランプを打つてました」［誌23: 360（28期1931)］などは、「腹は空いても、ひもぢゆうない」は実は千松ではなく、主君鶴千代の台詞であることはさておき、まさに当時の日本人なら誰もが文化として共有していた浄瑠璃『伽羅先代萩』御殿の場のストーリーだったのである。

参考文献

赤井正二［2016］『旅行のモダニズム——大正昭和前期の社会文化変動』ナカニシヤ出版
朝日新聞社［1933］『最新日本名所案内』朝日新聞社
大学史編纂委員会［1982］『東亜同文書院大学史——創立八十周年記念誌』滬友会
藤田佳久［2011］『東亜同文書院生が記録した近代中国の地域像』ナカニシヤ出版
井上忠雄（井上江花）［1927］『台湾へ』江花会事務所
岩田晋典［2015］「東亜同文書院大旅行調査と植民地台湾——書院生が経験した「日本」」『文明21』第34号、61-76頁
葛西虎次郎［1911］『台湾風景写真帖』沼田日進堂
片倉佳史［2015］『古写真が語る 台湾 日本統治時代の50年 1895-1945』祥伝社
滬友会［1955］『東亜同文書院大学史』滬友会
村崎長昶［1913］『台北写真帖』新高堂書店
落合昌太郎［1915］『漫遊案内七日の旅』有文堂書店
大阪市教育会［1923］『台湾見聞録』大阪宝文館・東京宝文館
篠田次助［1931］『台湾の思出』（非売品）
塩山正純［2017］「『大旅行誌』の思い出に記された香港——大正期の記述を中心に」加納寛編『書院生、アジアを行く——東亜同文書院生が見た20世紀前半のアジア』あるむ
台北市役所［1930］『台北市十年誌』台北市役所
台北市役所観光係［1938］『観光の台北』台北市役所観光係
台北州［1935］『北投草山公共浴場案内』台北州
台湾博覧会協賛会［1935］『台湾の旅』台湾博覧会協賛会
台湾総督府鉄道局鉄道部［1937］『台北とその附近』台湾総督府鉄道局鉄道部
台湾総督府総督官房文書課［1908］『台湾写真帖』台湾総督府総督官房文書課
徳富猪一郎（蘇峰）［1929］『台湾遊記』民友社
東亜同文書院［2006］『東亜同文書院大旅行誌』全33巻（オンデマンド版）愛知大学

『東亜同文書院大旅行誌』の食の記述にみる近代日本青年のアジア観

――台湾の例――

須川妙子

はじめに

東亜同文書院生の大調査旅行の記録である『東亜同文書院大旅行誌』には、行程中の書院生の心情が縷々記述され、特に食に関する記述からは、現地に対する心情や外地における母国への郷愁等を読みとることができる。植民地支配下にあったアジア各地においては中国内陸部とは異なる心情をもっていたことに着目し、書院生が「植民地アジア」の中で心惹かれた生活文化について探る。本報告では日本統治下にあった台湾を取り上げる。

Ⅰ．史料および方法

『東亜同文書院大旅行誌』［東亜同文書院2006］を史料とし、台湾を経由した行程が含まれる記録を分析対象とした。食に関する記述を抽出して、前後の行程や現地での待遇、当時の世情などと照らし合わせて東亜同文書院生の心情を導きだした。以下、同資料からの引用は（　）内に執筆期および執筆年を明記した。例えば、（10期生・1912年）は東亜同文書院10期生が1912年に遂行した大調査旅行の記録を示している。

さらに、2016年２月19～23日の現地調査で得た見聞、資料を合わせて検討材料とした。

II．書院生の食文化背景[1]

書院生が大調査旅行を遂行するのは成人直後の時期であり、書院入学までの日本での生活が彼らの生活文化背景、食に対する概念を形成したと考える。書院生が如何なる生活文化背景をもって大調査旅行を遂行したのか、書院生が成人に至る時期までの日本における食文化の概要を比較資料で確認する。本分析の対象とした書院生のおおよその誕生期から入学までの期間にあたる1890年から1920年頃の日本の食文化の特徴は以下の４つの点である。

１．食糧事情の安定

「主食の割合が（略）明治20年ごろには米がふえ、穀物全体の50％を越えるようになった。（略）政府は米の生産を調整（略）米価は比較的安定」［昭和女子大学食物学研究室編1971：145］との記録にあるように、米の供給が安定し消費が増大した時期である。

また、砂糖をはじめ食料の輸入も盛んになり、食料事情の安定が消費増大をうながした。

２．食への関心の高まり

「牛乳は病人と乳児のもの」［昭和女子大学食物学研究室編1971：94］などといった栄養概念が広がり、衛生観念が根づいて公的機関による食品検査が始まるのもこの時期である。

また、新聞・雑誌での料理記事の掲載がはじまり、料理講習会が広く行われて男子対象の料理講習会も始まっている。

清浄な環境で、適切な食料を摂取することの重要性に気づき、また、見慣れない食材の調理方法を積極的に学ぶ姿勢が家政を担う女子に限らず男子にもみられる。

３．嗜好品摂取の日常化

食生活の洋風化に伴い、西洋的な嗜好品である氷菓・清涼飲料、生の果

1　下川・家庭総合研究会編［2000］を参考に検討した結果である。抽出した各年代の食関係事項の詳細は、須川［2014］に表掲載しているので参照されたい。

物、ビール・ワイン、コーヒー・紅茶、洋菓子が市場に出回り家庭での摂取も定着している。「アイスクリームがめっきりさかんになり、雑誌にも家庭での作り方が紹介され」[昭和女子大学食物学研究室編1971: 97]との記録もあり、嗜好品が家庭で作られるまでに急速に普及している。西洋の生活文化、いわゆる「ハイカラ文化」を食生活においても積極的に取り入れ、食べることを「楽しむ」のが当時の食の風潮であったことがうかがえる。

4．食事の簡便化

和洋の飯屋、甘味屋・喫茶店での外食習慣が広がり、その影響を受けたパン食などの簡易な食事様式、駅弁や食堂車が登場し移動中の食事が容易になった。出先での食事の懸念なく外出できることは人の活動範囲を広げ、また外食を楽しむことが外出の目的ともなっていく。

Ⅲ．書院生の台湾認識

書院生の台湾についての認識を、台湾の地を踏んだ際の第一声の記述から探る。特徴的なのは、「母国の地を踏んだ」(10期生・1912年)「吾日本の地だ」(14期生・1916年)「唯日本であるといふ此単なる事実」(15期生・1917年)「台湾は何と云ふても日本の地である」(21期生・1923年)「懐かしの故郷へ」(25期生・1928年) など、「母国」「日本」「故郷」といった言葉が頻出することである。

これらの表現から読みとれるのは、「台湾は日本の一部」としての認識である。台湾へ向かうとは、書院のある中国上海から「日本へ帰る」ことを意味していた。大調査旅行のルートに台湾を組み込むことはやむをえずの選択結果であった場合[2]もあるが、積極的な選択であれば、拙稿[3]で分析したように大調査旅行を安全に確実に遂行できる条件のひとつとして「心身の安定を望める地」を組み込むことが重要であった。その意味では「日本である台湾」をルートに組み込むことは過酷な行程の前後に心身を癒すための「里帰り」であったとみることができる。故郷へ帰る時の心の高揚は、第Ⅱ節で述

2　詳細は岩田［2015b: 67］を参照されたい。
3　須川［2017］

べた生育期の食環境を思い起こさせ、到着時に口にしたい食を想い描いたであろうことは想像に難くない。

Ⅳ. 入台時の印象と食行動

「日本へ帰る」という心持の書院生の台湾の第一印象と食行動はいかなるものであったのか。

街の様子に関しては、「奇妙な所なりの一句に尽く。内地とは様子全く異なれど矢張り親しみやすく」(18期生・1920年) とあり、日本とは異なる「奇妙な」様相だが何か親しみやすい印象をもっており、その違和感は、「整然とアスフアルトの美観、広い立派な道路と一定のル子ツサンス様式と心もちのよい建築、東京にも求め得られない」(15期生・1917年)「小巴里と言ふのを、惜しまない」(20期生・1922年) と説明されている。

これらの記述から読みとれるのは、生育期の日本が近代化すなわち西洋化していく姿を台湾に見出し、日本と西洋の折衷した姿を目のあたりにした書院生の、「説明のしきれない不思議な印象」であろう。しかし、書院生の大方は地方出身者[4]であり、西洋化していく日本を生活の中で実際に充分に体験してきたとは言い難い。故に「夢にも憧れてをつた台北」(14期生・1916年) なのである。実体験の日本とは異なる景観であるが、伝聞として知っている近代化していく「都会の」日本、知識として頭の中にある西洋文化を混ぜあわせた「想像の中の近代日本の姿」をみることができたという歓喜を読みとることができる。

そして、その感慨を胸に「夜台銀諸先輩のビールの饗応にあづかる」(18期生・1920年) のである。大半の台湾ルートの上陸港である基隆[5]ではこの「ビール」を飲酒した記述が頻出する。まるで、水代わりともいえるほど、先輩訪問時はもとより、買物のついでに、買物から戻った際に、談笑の際に栓を抜く。これほど気軽にビールを飲める環境に身を置いていることは、近代日本の都会の男子学生の姿[6]そのものである。台湾という日本に帰って、

4　詳細は大学史編集委員会編［1982］を参照されたい。
5　岩田［2014: 59］
6　下川・家庭総合研究会編［2000］、昭和女子大学食物学研究室編［1971］など。

都会的な日本の学生の振舞いに興じたということか。

基隆の現地調査では食料品店の雑然とした雰囲気に現地の文化を感じる一方で、書院生が記した「整然と」「広い」「立派な」道路には現在の意識では少々古びた観が否めないが、当時の「近代都市」のイメージを感じ取ることはできた。

露店や簡素な食堂がそこここに点在している様子からは、書院生が気軽にビールを入手できたことに納得した次第である。露店で売る汁麵にセロリが散らされていたという現地の食と西洋野菜という妙な組み合わせに、書院生が感じた和洋の「折衷感」をささやかながら感じた。

V．台湾での生活行動

台湾での書院生の調査活動は、製糖工場の見学やパイナップル等の畑作地の訪問、蕃社の訪問等であったが、これらの調査活動は魅力的な観光[7]となっていた。この点からも書院生は里帰り中の小旅行の心情にあって、台湾を重要な調査対象の地としてはみていないことが読みとれる。したがって、調査よりも、現地での生活を楽しんでいた傾向がうかがえる。

その生活行動には2つの志向がみえる。「伝統的な日本」と「西洋文化」の両方を求めている姿である。「伝統的な日本」を求めての行動としては、日本人の文化人が居を構える地域（永康街、青田街）へ出向いて日本家屋が建ち並ぶ街並を散策し、その地区に住まいする先輩宅を訪問していることがあげられる。「日本の家を見て誠に懐かしい親しみを感ずる」（21期生・1923年）のである。個人宅訪問時の接待の様子の詳細記述は見あたらないが、拙稿[8]での分析においては、先輩方の接待は大調査旅行中に日本を恋しく想う書院生の心情を汲んだものとなっていたこと、すなわち、「純日本的なもてなしをしていた」という点を勘案すれば、台湾においても同様の接待を受けていたであろう。

さらに伝統的な日本を求めての行動は北投温泉へ行くことであった。北投温泉は「全く別天地だ」（22期生・1925年）と記されており、ここで「先づ

7　岩田［2014: 61］
8　注3と同じ。

汗と煤煙で真黒になつた身体を霊泉に浸して台湾の汗を流した」(22期生・1925年)。そして「とりたての鮎に舌鼓を打ち、ビールの酔によい気分になつて」(20期生・1922年)、「浴衣姿でビールの栓を抜き、興につれて唱ひ踊る」(22期生・1925年）のである。

このような伝統的な日本を求めての行動の記録には食行動の記述が比較的少ないが、もう一方の志向である「西洋文化」を求める行動には食行動の記述が頻出する。「氷屋が鈴を鳴らしつつ横町からでてきた「アイスクリーム」」(10期生・1912年)、「ウヰスキーに文明の美酒を初めて味ふ」(16期生・1918年)、「感じのよい英国人ばかり、葡萄酒に舌鼓を打ちながら話した」(25期生・1928年）と、西洋の嗜好品への関心の高さがうかがえる。そして、その嗜好品を楽しみながら、「コロンスのミツシヨンスクールのらしい女学生が台湾の黒い女学生に比して非常に美しく見えた」(22期生・1925年）と青年らしい感想も記す。

このように、書院生の台湾での行動は台湾の伝統的生活文化を体験する事ではなかった。あくまでも「近代化する日本」を「日本としての台湾」で体験しているのである。その体験は生育期の書院生が「日本では体験できなかった日本」なのである。

しかし、台湾は大調査旅行ルートの一部、通過地であり、大調査旅行の本番ともいえる大陸内部へ向かうための準備地でもあった。「マーケツトで自炊用の道具や食料品を仕入れ」(25期生・1928年）ることも必要であった。「いささかの緊張せざるを得ない」(22期生・1925年）心持ちで「中国としての台湾」も体験している。市場での体験については記述がないが、台湾を出る船中での記述には「人相の悪い支那人」(22期生・1925年)、「豚小屋同然」(22期生・1925年）などがみられ、現地人との接触では恐怖や不安も感じ、現地の生活文化には必ずしも好印象を持っていなかったことがうかがい知れる。

このような書院生の記述を踏まえたうえで、台北で書院生が食料と薬を調達したであろう市場を現地調査した。現地で入手した「大日本職業別明細図・台北市（昭和3年)」と現在の店舗配置を照らしあわせてみると、消失などによる店舗配置の詳細は変化しているが、業種ごとの地域内の区分けは当時と同様であった。書院生が「西洋」を体験した地域（現在の中心地と同地区と考えれば、総督府のある辺りか）から外れていき、「迪化街」「永楽市場」へ向かっていくと場末の風情が漂い、現地の生活者の素の姿を目の当たりにできた。薬屋、生鮮品店、衣類店、食堂が立ち並ぶ中で、これからの行程での必要物資を調達していく書院生の不安と、過酷な行程へ向かう意識の高揚を想像することは難くない。

まとめ

書院生の台湾での行動は台湾の伝統的生活文化を体験する事ではなかった。あくまでも「近代化する日本」を「日本としての台湾」で体験しているのである。その体験は生育期の書院生が「日本では体験できなかった日本」すなわち都会の青年達が楽しんでいたいわゆる和洋折衷の「ハイカラ文化」なのである。おそらく西洋文化の直接体験をもたないであろう彼等は、大調査旅行の中で「アジアを通した西洋文化」を享受しながら、中国を知ることが本意である大調査旅行を通して、「西洋への関心と知識」を得ていたといえる。

本稿で取り上げた台湾で書院生が体験したのは、日本統治によって流入した「和洋」折衷の西洋文化であったが、日本を通さない「アジアと西洋」の折衷文化を、書院生がいかにとらえていたのかについて、香港ルート[9]に関する拙稿を参照されたい。

参考文献

大学史編集委員会編［1982］『東亜同文書院大学史――創立八十周年記念誌』滬友会
藤田佳久編［1994］『中国との出会い』東亜同文書院・中国調査旅行記録、第1巻、大明堂
藤田佳久［1998］『中国を越えて』東亜同文書院・中国調査旅行記録、第3巻、大明堂
藤田佳久［2002］『中国を記録する』東亜同文書院・中国調査旅行記録、第4巻、大明堂
藤田佳久［2011］『東亜同文書院生が記録した近代中国の地域像』ナカニシヤ出版
黃微芬［2015］『甜蜜蜜――到台南找甜頭』文化部文化資產局・台南市政府文化局
岩田晋典［2014］「大旅行調査と台湾――その位置づけをめぐって」愛知大学東亜同文書院大学記念センター『同文書院記念報』Vol. 23別冊1、57–61頁

9　須川妙子［2018a］、須川妙子［2018b］

岩田晋典［2015a］「東亜同文書院大旅行調査と植民地台湾——書院生が経験した「日本」」愛知大学国際コミュニケーション学会『文明21』第34号、61–76頁
岩田晋典［2015b］「東亜同文書院大旅行調査における台湾訪問ルート」愛知大学国際コミュニケーション学会『文明21』第35号、87–97頁
片倉佳史［2009］『台湾に生きている「日本」』祥伝社
片倉佳史［2015］『古写真が語る　台湾　日本統治時代の50年　1895–1945』祥伝社
栗原純・鍾淑敏（監修・解説）［2014］『台湾の旅／台湾旅行の栞／趣味の台湾』『近代台湾都市案内集成』第11巻、ゆまに書房
季増民［2008］『中国地理概論』ナカニシヤ出版
中林広一［2012］『中国日常食史の研究』汲古書院
西澤治彦［2005］「食事文化史からみた中国の南北」武蔵大学人文学会『武蔵大学人文学会雑誌』第36巻4号、95–119頁
下川耿史・家庭総合研究会編［2000］『明治・大正家庭史年表』河出書房新社
昭和女子大学食物学研究室編［1971］『近代日本食物史』近代文化研究所
須川妙子［2014］「『大旅行誌』の食に関する記載にみる書院生の心情」愛知大学東亜同文書院大学記念センター『同文書院記念報』Vol. 23別冊1、63–77頁
須川妙子［2017］「『大旅行誌』の食記述にみる書院生の心情変化——「雲南ルート」選択の意義を探る」加納寛編『書院生、アジアを行く——東亜同文書院生が見た20世紀前半のアジア』あるむ
須川妙子［2018a］「『東亜同文書院大旅行誌』の食の記述にみる近代日本青年のアジア観——香港の例」愛知大学国際コミュニケーション学会『文明21』第40号、65–70頁
須川妙子［2018b］「『東亜同文書院大旅行誌』の食の記述にみる近代日本青年のアジア観——台湾・香港の比較から見えること」食生活研究会『食生活研究』Vol. 38 No. 2、34–42頁
高木秀和［2008］「書院生は上海で肴を食べていたか——各期回想録にみる書院生の食事情」愛知大学東亜同文書院大学記念センター『愛知大学東亜同文書院大学記念センター・ニュースレター　研究報』第4号
高木秀和［2009］「魚を食べていた東亜同文書院40期台生の食事情——倉田俊介氏より頂いたお手紙を中心に」愛知大学東亜同文書院大学記念センター『愛知大学東亜同文書院大学記念センター・ニュースレター　研究報』第5号
東亜同文書院編［2006］『東亜同文書院大旅行誌』（オンデマンド版）愛知大学
楊環静［2009］『走進台湾光陰的故事——眷村菜市場』太雅生活館出版社

東亜同文書院生が見た台湾の神社

――1910年代〜1930年代――

加納　寛

はじめに

近代の日本人がその支配地域や進出地域において神社を設置したことは、広く知られている。

このような海外神社についての先行研究の嚆矢としては、小笠原［1933］が挙げられ、主にブラジル等への移民が設けた神社についてその状況を俯瞰するとともに、海外神社には日本の植民地等におけるものと、日本の統治が及ばない外国における移民等によるものとに性格的な差異があることを指摘し、植民地等においてはそれぞれの土地の「特殊性」を尊重することの重要性を説いている［小笠原1933: 160–161］。

その後、近藤［1943］は北海道や琉球を含む「大東亜共栄圏」各地における「海外神社」の状況をまとめ、小笠原［1953］も関係者の寄稿も得ながら資料の体系化を試みている。1960年代以降には主に「宗教者の戦争責任」を問うなかで海外神社を植民地支配や皇民化政策との関係で位置づける研究が盛んとなり、1970年代以降になると各地域に関する研究が進んだ。1990年代以降には各地域ごとの神社の基礎的なデータも整備され、その設立の経緯や特徴、さらにはその維持管理や歴史的変化についても明らかになってきている［中島2000: 46–48］。そのなかで、海外神社を「参拝の強要」による「皇民化政策」と関連づけてとらえる1960年代以降の視点は「常識」とされ［菅2004: 31］、「海外神社」は「侵略神社」と呼ばれることもあった［辻子2007］。その一方、こうした側面と並行して、在住日本人による「自発的な意志」によって設立され維持された「氏神タイプ」の神社もあったことや［新田1997: 227］、大多数の神社は移民による「極めて自足的なものであった」こと［嵯峨井1998: 14］、皇民化政策の一環としての神社参拝の強要は1930年代後半からの時期的限定性をもつものであったこと［菅2004］も明らかにされてきている。

こうした神社は、帝国主義下の植民地政策における「同化」の推進と「差異」の維持の二面性の追求のなか［ルオフ2010: 172–173］、観光にも取り込まれていくことになる。ルオフによれば、1930年代末の「京城遊覧バス」は、最初の目的地を朝鮮神宮とし、そのほかに儒教学問所や旧王宮、総督府庁舎、博物館などを巡ったし［ルオフ2010: 188–195］、新京のバスツアーでも新京神社は最初の目的地となっており、それに続いて忠霊塔や戦跡、溥儀の皇宮、イスラム教寺院といった施設を巡歴した［ルオフ2010: 218–224］[1]。

では、こうした観光のなかで、「内地人」は、植民地における神社をどのようなまなざしで捉えていたのだろうか？　海外神社をめぐっては、少なくとも、①設置者・維持者である日本側の官や居留民のまなざし、②現地の人々のまなざし、さらに③「内地」から観光等で短期訪問した人々のまなざしが想定されるはずであるが、③の視点についてはこれまで十分な研究がなされているとはいえない。本稿は、そのような視点から、日本の植民地としての台湾の神社をめぐる「内地人」青年のまなざしを垣間見ることによって、植民地における神社の意味と、その変化の一端を明らかにしていきたい。また、この作業は、日本の「内地人」青年が台湾をどのように位置づけていたかや、その変化を跡づけることにも寄与するであろう。

日清戦争の結果、1895年に日本領となった台湾においても、数多くの神社が建立され[2]、朝鮮や満洲と同様に観光にも取り込まれていったと考えられる。当時の絵葉書や観光案内書に掲載された神社の写真は、数多く見ること

1　このような観光目的地選択は「植民地観光」に共通する3つのテーマ「日本人によって導入された近代性の数々」、現地の「遺産を日本が保全しようとしている姿」、「現在もいまだに遅れた文化が残っている状況」［ルオフ2010: 179］を織り込んだものであったと見ることもできよう。

2　狭義の「神社」とは、国家神道体制下において神社法令にもとづいて「神社」とされるものをいい、一定の規模をもち「本殿、拝殿、手水舎、鳥居、社務所等を完備するを要し又神明に奉仕する専任職員たる神職を置」くことが要求されるが［蔡1994: 142］、本稿では広義に捉え、私的に設置・維持された「社」や「祠」などを含むものとする。

ができる[3]。

このような植民地観光の実際を経時的に観察できるのが、20世紀前半の約40年間に及ぶ東亜同文書院の「大旅行」の記録『東亜同文書院大旅行誌』(以下『大旅行誌』)[4]である。東亜同文書院の「大旅行」は、上海において学業を終える間近の最上級生たちが、書院教育の集大成として臨むものであり、数人からなる学生チームで数カ月にわたってアジア各地を調査しつつ旅するものであった[5]。東亜同文書院生の「大旅行」における台湾経験について近年集中的に研究を進めている岩田によれば、約12%のコースが台湾を経由したといい、その旅行年は1908年から1942年に及ぶ［岩田2015a: 62］。すなわち、台湾における神社建立・維持時期のほぼ全期間をカバーする記録となっていることになる。

Ⅰ．台湾における神社の設置

台湾における神社の設置については、日本が領台初期には「旧慣温存」政策をとったために当初はそれほど進まなかったという［蔡1994: 18–20］。台湾において最初の神社として設置されたのは、台湾に本拠を置いて明朝復興を図り台湾の人々の尊敬を集める鄭成功を祀る「開山神社」であった[6]。これは、もともと存在した「延平郡王鄭氏廟」[7]が、台南県知事磯貝静蔵の建言を受け入れた日本政府によって、1897年に鄭成功の旧号をとって「開山神社」と改称され「県社」[8]に列格されたものである［蔡1994: 24–25、菅2004:

3　こうした写真は、片倉［2015a］や辻子［2007］などにも掲載されている。

4　『大旅行誌』は、各年の「大旅行」の翌年に学生によって編集され刊行された文集である。『大旅行誌』は愛知大学によってオンデマンド版が復刊されており、本稿で『大旅行誌』を出典として示す際には、［大旅行誌 オンデマンド版巻番号：頁番号］として表記した。

5　東亜同文書院生が「大旅行」においてアジア各地で経験したことについては、加納編［2017］を参照されたい。

6　開山神社の絵葉書や写真については、たとえば辻子［2007: 28–29］に見ることができる。現在でも、神輿や鳥居笠木などが残されている。

7　1875年に清朝の勅許により「明延平郡王祠」に改称されている［蔡1994: 24］。

8　「県社」とは、神社に対する公的な待遇上の等級・格式を定めた社格の一つであり、神社の国家管理化が進められるなかで1871年に整備された制度にもとづく［薗田・橋本編2004: 468］。社格は、官社と諸社とがあり、官社は官幣社と国幣社に分けられ（それぞれ大・中・小の3等に区分)、諸社は、県社・郷社・村社・無格社に分けられた。のちに護国神社となる招魂社は、一般の神社と異なる性質を有することから社格外の特別の位置づけをされた［薗田・橋

表1　台湾における神社鎮座数推移

鎮座年*1	官幣大社	官幣中社	国幣小社	県社	郷社	無格社	護国神社	社	末社	遥拝所	その他*2	計
1897〜1900	0	0	0	1	0	0	0	3	0	0	0	4
1901〜1905	1	0	0	1	0	0	0	0	0	0	0	2
1906〜1910	0	0	0	1	0	0	0	2	0	0	0	3
1911〜1915	0	0	2	2	1	3	0	3	0	0	1	12
1916〜1920	0	0	1	2	0	2	0	6	0	0	0	11
1921〜1925	0	1	0	0	0	2	0	16	0	0	4	23
1926〜1930	0	0	0	1	1	2	0	31	0	1	2	38
1931〜1935	0	0	0	0	5	1	0	38	0	0	22	66
1936〜1940	0	0	0	2	12	16	0	17	1	0	44	92
1941〜1945	0	0	0	0	1	6	1	0	11	1	17	37
不明*3	0	0	0	0	0	0	0	0	0	7	108	115
計	1	1	3	10	20	32	1	116	12	9	198	403
大別計	68							335				403

出所：金子（2015: 190–234）掲載の神社一覧表から、筆者が集計して作成した。

注1：鎮座年は当初鎮座した年を示しており、社格が移動した年を示すものではない。後に社格が移動した場合においては後の社格によって集計されている。したがって、鎮座年にその社格の神社が建立されたわけではない。

注2：『台湾に於ける神社及宗教』（台湾総督府文化局社会課 1943）に掲載されていない神社。ただし、明らかに遥拝所であるものは、「遥拝所」として集計した。したがって、「遥拝所」の一部と「その他」が「公認の存在」ではないことになる。

注3：鎮座年に「頃」・「以前」といった記載がある場合は、鎮座年不明とした。

210–221][9]。鄭成功廟の神社化は、母親が日本人であった鄭成功の祭祀によって、「日本の台湾統治の正統性を弁明」し、「台湾人の日本の国家神道に対

本編2004: 469]。「無格社」は、「社格をもたない」とされながらも最下位の社格として扱われた「公認の神社」であり［薗田・橋本編2004: 945]、こうした神社の設立には法令にもとづいて内務大臣の許可を得る必要があった［薗田・橋本編2004: 1215]。このような手続きを経ないで創立された神社は「無願神社」とされ、法令によって禁止されていた。台湾においては台湾総督府令により、神社とは「本殿、拝殿、社務所、手水舎、鳥居を備へ」、台湾総督の許可を得ることが必要であり、それ以外のものは「神社」と称することが禁じられた［薗田・橋本編2004: 1216]。なお、台湾においては「神社に非ずして公衆に参拝せしむる為め神祇を奉祀するもの」を「社」とし、知事又は庁長の許可を得て創立することができた［薗田・橋本編2004: 1217]。ここまでが公認の存在といえよう。

9　横森は、磯貝の建言を1897年、神社の設立を1898年としているが［横森1982: 191]、1年の誤解があるようである。菅は、1898年1月の神社設立をもって鄭成功を日本に「帰化」させたことは、台湾人住民の国籍選択猶予期限が同年5月であったことに先立ってのことであったことを指摘している［菅2004: 215]。

する抵抗感を少しでも減らそうという狙い」があったとされる[蔡1994: 26][10]。

また、1896年に帝国議会衆貴両院において可決された台湾における神社創建案を受け、1901年に官幣大社として台北の円山に台湾神社が[11]、北白川宮能仁親王と開拓三神[12]を祭神として設置された[蔡1994: 20–23、菅2004: 233–259][13]。北白川宮は、1847年生まれの皇族であり、幕末に寛永寺門主であったことから戊辰戦争時には奥羽列藩同盟の盟主に推されたという経歴をもつ[菅2004: 237–240]。明治期にはプロイセンに留学して軍事学を修め、陸軍の要職を歴任した後、1895年に近衛師団長となり、日清戦争の結果として日本に割譲された台湾に派遣され、抗日勢力の鎮圧にあたったが、その最終段階である1895年10月に台南において病没した[菅2004: 240–243]。北白川宮没後まもない時期に、彼を祭神とする神社の台湾における設立が帝国議会において諮られたことになる。

その後、1906年に宜蘭神社が鎮座したほか[14]、1910年代には14社が、1920年代には7社が設置され、1934年までに台湾には26社の神社が存在した[蔡1994: 351–353]。日本の総力戦体制への移行にともなって、総督府が「敬神崇祖精神」強化にもとづく「一街庄一社」[15]の神社建立政策を打ち出した1934年以降になると、さらに多くの神社が台湾各地に創建され、1943年までに68社の公的な「神社」が存在することになった[蔡1994: 140]。そのなかには、「北白川宮殿下御遺跡所」とされていた北白川宮病没地を1923年に

---

10 この蔡の分析は、横森[1982: 192]の指摘を踏まえたものである。また、菅は「異民族間の統治―被統治関係を、国民共同体意識に置き換える作用」が鄭成功の「皇民化」や開山神社の昭和期造営に結びついたことを指摘している[菅2004: 226]。

11 1944年に「台湾神宮」と改称され、天照大神が増祀された[金子2015: 12]。現在は円山大飯店となっている。台湾神社については、多くの絵葉書や写真を様々な資料で見ることができるが、たとえば辻子[2007: 15–22]には15枚の絵葉書や写真、絵画が掲載されている。

12 開拓三神とは、大国魂命・大己貴命・少彦名命をいい、「天照大神に奉仕する征服神」であり、1871年創設の札幌神社において祭神とされ、後には1910年創設の樺太神社においても祭神とされた[蔡1994: 23]。

13 ただし、衆貴両院への建議案は、いずれも北白川宮のみを祭神としたものであった[菅2004: 244]。

14 宜蘭神社は、もともと1901年に宜蘭庁長であった西郷菊次郎によって建立された祠であった[金子2015: 43]。辻子[2007: 30]に写真が掲載されている。

15 「街庄」は、「内地」における「町村」に相当し、蔡は「一街庄一社」を、明治末に日本において打ち出された「一町村一社」の理念を受け継いだものと推察している[蔡1994: 132]。

神社に改めた台南神社[16]や、台湾における公務殉職者を祀る「招魂社」としての性格を有する1928年鎮座の建功神社［金子2015: 21］[17]、台湾に「縁故を有する英霊」を祀る1942年鎮座の台湾護国神社［金子2015: 23］[18]などが含まれている。

こうした狭義の「神社」とは別に、在台日本人民衆が自主的に設置した小規模な「社」[19]は1897年から設置されはじめ［蔡1994: 144］、金子によれば台湾総督府文化局社会課が1943年に発行した資料では摂末社や遥拝所を含め201社であり［金子2015: ii］、さらに金子自身が存在を確認した広義の神社は、学校や工場、兵営などに設けられた祠などをも含め[20]、403社に及ぶという［金子2015: 190–234］。

II. 東亜同文書院生の台湾旅行にみる神社

さて、こうした台湾における神社は、「内地人」の観光において、どのように経験されたのだろうか？

前述のとおり、東亜同文書院の学生たちが最終学年時に経験する「大旅行」において、台湾を経由したルートは約12%となっているという［岩田2015a: 62］。ただし、岩田も指摘するとおり、台湾は東亜同文書院生の大旅行にとっては「懐かしの故国」日本国内に位置する経由地であり、『大旅行誌』においてその内容が記載されることは少ない［岩田2015b: 96］。したがって、『大旅行誌』に記された内容のみをもって、彼らの台湾経験の全貌を見ることはできない。ただし、その数少ない記述から、彼らの行動や視線を垣間見ることは可能であろう。

---

16 台南神社の絵葉書や写真は、たとえば辻子［2007: 22–25］に6枚掲載されている。現在でも、事務所や武徳殿などが残っている。

17 鉄筋コンクリート造の社殿が特徴であり、植物園内に鎮座した［金子2015: 21］。現在は国立教育資料館となっている。

18 台湾神社の東側に鎮座した。現在は忠烈祠となっており、観光客で賑わっている。なお、その性格上、建功神社と護国神社とが混同されることもあるようだが、これらの関係性については、辻子の整理が妥当であろう［辻子2007: 154–155］。

19 注8の末尾に示したとおり、「社」とは、「神社に非ずして公衆に参拝せしむる為め神祇を奉祀するもの」であり、知事又は庁長の許可を得て創立することができた点で［薗田・橋本編2004: 1217］、公式の存在である。

20 これらは、「公衆に参拝せしむる」施設ではないので、公的な「神社」や「社」ではなかった。

表2　『東亜同文書院大旅行誌』における台湾の神社参拝経験記載

神社名	社格	鎮座年	1912	1915	1916	1917	1918	1920	1928	1930	1932	1933	1936	1939	1941
台湾神社	官幣大社	1901	○	○	○	○	○	○	○	○			○		
台南神社[*1]	官幣中社	1923	○				○	○			○				
開山神社	県社	1897	○				○	○							
阿里山神社	無格社	1919									○	○			
阿緱神社	県社	1919									○				
員林神社	郷社	1931											○		
新高山祠	社	1925												○	
佐久間神社	無格社	1923													○

出所：各年の『大旅行誌』記述より筆者作成（鎮座年と社格は、金子（2015）所収の神社一覧表による）
注1：1923年までは「北白川宮殿下御遺跡所」であった。

そのうち、神社についての明らかな記述があるものは表2のとおりである[21]。

表を見ると、1910年代にはかなり頻繁に台湾神社についての言及があり[22]、さらに台南の「北白川宮殿下御遺跡所」と開山神社についても参拝されたことがわかるが、その他の神社には全く言及がないことが読み取れる。さらに1920年代においては、大旅行において多くの班が台湾を訪問しているにもかかわらず、明らかに神社への言及が少なくなっていることがわかる。ただし、岩田の整理によれば、1920年代以降は1910年代に比べて『大旅行誌』中に台湾経験が言及される比率が減少しており［岩田2015b: 90–91］、このことが神社への言及の大きな減少に多少の影響を与えていると

21　神社名が明示されている場合のほか、祠などの小規模なものや、明らかに神社を指している記述、「参拝」や「参詣」などの語が使われている記述をも数えた。たとえば、「北白川宮殿下の御崩去の場所」といった記述は、後に台南神社となる「北白川宮殿下御遺跡所」のことを指しているし、台南における「鄭成功の廟」とは開山神社を指しているものとして数えている。あるいは、「丸山公園に参指し」（おそらくは「円山公園に参詣し」の誤記）といった記述は、台北の円山公園北側にあった台湾神社を参詣したものとして数えている。逆に、明らかに神社が存在した場所（たとえば1940年に別地に遷座するまでの台中神社が存在した台中公園や、1928年に建功神社が設置された台北の植物園、高雄神社が存在した寿山など）に行っていても、神社の記述がなく「参詣」等の語が使われていなければ、神社関係記述としては数えていない。

22　この点、岩田は「台北に滞在した書院生が必ずと言ってよいほど訪れたのが、台湾神社と郊外の北投温泉である」と言っているが［岩田2015a: 66］、それは史料上で見る限り、後述のように通時代的な現象ではないことに注意しておく必要がある。

も思われる。1922年には20期生が台中公園を訪れているが同園内にあった台中神社については触れられておらず、1929年には26期生が台北において植物園を訪れているが、同園内にその前年に設立された、建築的にも特異な本殿を有する建功神社についても[23]、まったく記録されていない。

また、1930年までは、『大旅行誌』の記述中に明示された訪問神社が台北の台湾神社と台南の台南神社・開山神社に限定されているのに対して、1932年以降はそのほかの地方における神社や祠への言及が増加し、逆に台湾神社・台南神社・開山神社に関する記載はきわめて限られたものになることも読み取れる。このことは、しかし、1930年代にはじめて書院生が台北・台南以外の地を訪れるようになったことを意味するわけではない。1910年代から、書院生は、発達した鉄道を利用して台湾各地を訪問していたことは留意する必要がある。1930年代の地方における神社や祠への言及の増加は、この時期に神社や祠が地方において徐々に増加していったことによる影響と考えられる（表2記載の鎮座年参照）。

1932年には、29期生が屏東にて台湾製糖の工場を訪問した後[24]、屏東公園と阿緱神社[25]に足を運んでいる［大旅行誌24: 435］。台南では、自動車で安平を訪れた後、「車を引返して台南神社を過ぎ孔子廟へ向」かったというが、孔子廟については楽器の見学が記録されているものの、台南神社には立ち寄ったのかどうか、よくわからない記述となっている［大旅行誌24: 437］[26]。さらに訪れた阿里山では、宿舎「阿里山倶楽部」従業員のガイドのもと、未明に起こされて祝山の日の出観光に向かい[27]、その帰路に阿里山神社[28]を参拝している［大旅行誌24: 440–441］。阿里山神社は翌年の30期生も阿里山観光

---

23 井出薫が設計し、1928年に建設された建功神社本殿は、鉄筋コンクリート造で社殿上にドームがあり、現在でも20世紀台湾建築史を彩る作品の一つとされている［李2001: 78; 乃南2016: 102］。絵葉書と思われる6枚の写真が辻子［2007: 34–36］に、また彩色絵葉書が乃南［2016: 102］に掲載されている。

24 東亜同文書院の大旅行では、こうした産業関係の施設をよく訪ねている。学生たちの関心が産業に寄せられていたことがわかる。

25 阿緱神社の絵葉書は、辻子［2007: 33］に見ることができる。

26 台南神社は、現在の忠義国民小学の校地にあり、孔子廟と隣接している。この記述からすると、文字通り台南神社を通り「過ぎ」て孔子廟に向かったように思われる。

27 祝山の日の出見物は、現在でも阿里山観光のハイライトとなっている。

28 『台湾観光の栞』［鉄道部1940］に掲載されていた写真を、片倉［2015a: 167］に見ることができる。また、絵葉書と思われる写真が、辻子［2007: 39］に掲載されている。

にて同様に立ち寄っており［大旅行誌25: 468］、神社が観光に組み込まれていたことがよくわかる。1936年に台湾を訪れた33期生は、新竹付近の竹北に先輩を訪ね、その先輩が経営する炭鉱を見学した後、員林に一泊し、警察署長の案内で1931年に鎮座したばかりの員林神社[29]を参拝している［大旅行誌28: 417–418］。1939年に台湾を訪れた36期生は、阿里山観光では阿里山神社について記録を残していないが［大旅行誌31: 243］、新高山については1925年に鎮座した祠について[30]、「頂上にはコンクリの小さな高さ四尺位のお社がある」と記録している［大旅行誌31: 246］。また、1941年に霧社から太魯閣渓谷に下山した38期生が、「理蕃政策」に積極的に取り組んだ第5代台湾総督の佐久間左馬太大将（総督在任1906–1915）を祀ったタビトの佐久間神社[31]に言及している［大旅行誌32: 320］。ただし、1930年代以降のこれら地方における神社への参拝や言及は、いずれも観光の一環であったり、訪問先において副次的に詣でたりして言及したものであって、神社への参拝が主要な目的の一つとされているわけではない。

全期間を通して、台湾への出入りに経由している基隆[32]や高雄[33]については、神社に関する記述が一切見えない。台中神社[34]が立地する公園を訪れたり、高雄神社が立地する寿山を訪れたりしても、神社を訪れた形跡はない。また、1942年に設置された台湾護国神社はもちろんであるが、前述のとおり建築的には特異な特徴をもった国策的神社である建功神社も、それが立地する植物園には行っていても、見学・参拝の対象として記されることはなかった。

29　員林神社の写真は、片倉［2015b: 11］に掲載されている。

30　絵葉書が片倉［2015a: 172］に、写真が辻子［2007: 40］に掲載されている。

31　佐久間神社の写真については片倉［2015a: 232］に、また絵葉書と思われる写真は辻子［2007: 39］に掲載されている。佐久間については、片倉［2015a: 230–232］と乃南［2016: 64–68］を参考にした。

32　基隆神社は、1912年に「金刀比羅神社」として設置され、1915年に「基隆神社」に改称された［金子2015: 41］。現在の基隆忠烈祠の位置に存在した。日本統治時代の絵葉書は、片倉［2015a: 70］や辻子［2007: 31］に掲載されている。

33　高雄神社は、1912年に寿山（当時は打狗山）の麓に「打狗金刀比羅神社」として設置され、1920年に「高雄神社」に改称されて1928年に寿山中腹の現在の高雄忠烈祠の位置に遷座した［金子2015: 145］。そのほかにも、高雄市内には多くの神社が存在した。高雄神社の絵葉書や写真は、辻子［2007: 41］に掲載されている。

34　絵葉書は片倉［2015a: 129］に掲載されている。13.5mの高さのコンクリートの大鳥居があったという［片倉2015a: 129］。

Ⅲ．書院生の見た神社

以上のように訪れた神社において、書院生は何を見、何を考えただろうか？『大旅行誌』の記載から観察していきたい。

1911年に台南を訪れた9期生は、神社についての言及はないものの、台湾日報勤務の先輩に会って台湾史について教えを請い、赤崁楼であろう「紅毛楼」に上って台湾の歴史を振り返り、とくに北白川宮については、「畏れ多くも北白川宮殿下は金枝玉葉の御身を以て苦熱と戦ひ昼は汗馬に鞭ち夜は露営に冷かなる御夢を結ばれ硝癘蛮雨を物とも思はせ給はず進軍せられ」、「余りの艱苦を冒させられ遂に重き病に罹られて」「賊徒平定と共に敢なく天に昇られた」と偲んでいる［大旅行誌5: 378］。

翌年の10期生も、台南では浜田弥兵衛や鄭成功の「古跡」とともに「北白川宮殿下の御崩去の場所」を訪ね、台北でも「台湾神社に参拝」したことが記されているが、とくに感慨は残されていない［大旅行誌6: 325–326］。1915年に台湾神社を訪れた13期生も同様に感慨を記してはいない［大旅行誌9: 164］。

1916年に台湾神社に参拝した14期生は、「大なる鳥居を見る之れなん即ち畏多くも金枝玉葉の御身を以て自ら陣頭に立たせられ仇する蛮民を鎮め給はしも不幸病を獲て遂に神去り申せし北白川宮殿下の御霊を祀れる台湾神社」であると記している［大旅行誌10: 461］。同様に1917年に台湾神社に参拝した15期生も、「台湾神社の追憶などを後に残して」おり［大旅行誌11: 207］、何らかの感慨を抱いたことがうかがえるし、他の班は北投温泉の帰途参拝した台湾神社において[35]、「想を過去に寄せ、畏くも白馬銀鞍に打跨り、細身の太刀取らせられ、軍中に立ち給ふ、殿下の御勇姿偲ばれ吾袖を搾」ったといい［大旅行誌11: 285］、また別の班は「台湾神社に詣で、故殿下の御高霊に額づき、過ぎし昔の苦心もはかり奉つて」いる［大旅行誌11: 376］。

1918年に台湾を訪れた16期生は、台湾神社については参拝したことしか記されていないが、台南では「北白川宮殿下御遺跡所を拝観して旅袖を霑ふす、開山に鄭成功の廟を弔ふ」としており［大旅行誌12: 285］、後に台南神

35　台湾神社参拝は、北投温泉に遊ぶ前後になされることがほとんどである。

社となる「北白川宮殿下御遺跡所」と開山神社において、ある種の感慨をもって参拝したことが読み取れる。

1920年に台南を訪れた18期生も、台湾神社においては参拝の事実しか記していないが［大旅行誌13: 267, 410］、台南においては次のように感慨を述べている。

> 北白川宮殿下の旧蹟を拝弔す。御遺物を拝して当時を偲び、黙然として只感涙の外なかりき。御臨終の民家は小暗くして御寝台は古び外界の朝変暮改に此処のみは半世紀の昔そのままの雰気を残せり。歴史はかくして一室に幽せられ月下古城の夢を描くも軈て棄らる。亦一睡の夢も及び難し。銅像に還現せられ愚衆に昂り現代に用立たん等なかなかにおろかなる業ならずや。［大旅行誌13: 267］

また、別の班は次のように記している。

> 台南にて台南神社に参拝す。前日台湾神社に詣で今日又此宮に拝す。故北白川宮殿下の台湾征伐当時を彷彿として眼前にあり此宮には当時御使用になりたる寝台或は其他の御使用品など誠に簡粗なり又御座所の粗なる坐ろに感涙の滂沱なるを禁ずる能はず。其れより鄭成功の廟を見嘉義に向ふ［大旅行誌13: 410］

これらの記述からは、北白川宮を祀るのみの台湾神社よりも、台南において実際の遺物を目の当たりにすることによって、より深い感慨を抱くことができたことがうかがえる。なお、前者の引用では「北白川宮殿下の旧跡」と記された同じ場所が、後者の引用では「台南神社」と記されており、1920年ごろには正式ではないにせよ、この施設を「台南神社」と呼称することもあったことがわかる[36]。

しかし、1921年以降になると、前述のように台湾神社や台南神社についての言及自体が激減し、何らかの感慨が記されることもなくなった。これは、東亜同文書院生による台湾旅行記において北白川宮への言及がほとんど

36　金子によれば、この施設を「神社」に転換しようとする動きは、明治期から見られたといい、1920年には境内の拡張と「台湾神社の遥拝所」とすることになり、1921年に「台南神社」と改称され、1923年に鎮座したという［金子2015: 129–130］。

消滅したことを意味する。

また、前述のとおり、1930年代以降に増加した地方の神社訪問例については、訪問先において副次的に詣でたり言及したりしたものであって、神社参拝の感慨や感想が記されることもなかった。

結び

以上、東亜同文書院生たちが1910年代から1930年代にかけての大旅行において訪れた台湾各地の神社について、彼らの残した記録から、「内地人」青年の植民地における神社へのまなざしを垣間見てきた。

その結果、1910年代にはかなり頻繁に台湾神社についての言及がなされ、また台南においても後に台南神社となる「北白川宮殿下御遺跡所」と鄭成功を祀る開山神社が参拝の対象となっていたことがわかった。これら3社は、1910年代において内地人の台湾観光ルートに組み入れられていたということができよう。台湾神社においては、その祭神とされた北白川宮を偲ぶ記述がされることもあるが、とくに「北白川宮殿下御遺跡所」では、実際に北白川宮が臨終の際に使用していた遺物を目の当たりにすることによって北白川宮への追慕の念が強まっていることが書院生の感想からはうかがえる。

しかし、1920年代には、かなりの班が台湾を訪問しているにもかかわらず、神社自体に関する記述がほとんど見られないようになり、北白川宮への言及もほとんど消滅することになった。

1930年代には、1910年代に頻繁に参拝されていた台湾神社・台南神社・開山神社への言及が限られたものになる一方で、これまで記されてこなかった、そのほかの地方における神社参拝が記述されるようになる。これは、書院生がこの時期になって初めて台北・台南を訪れるようになったということではなく、書院生は1910年代から台湾内の多くの地域を訪問しているのに神社に関する記述がなかったわけであり、地方における神社が徐々に増加してきていたことを意味すると考えられる。ただし、神社に対する記述は淡泊であり、地方における神社が地方観光に組み込まれており神社訪問が副次的なものに過ぎなかったことも読み取れる。

このように、「内地人」青年たちのまなざしのなかで、台湾における神社は、とくに1910年代には北白川宮を強く想起させるものであったことがわかった。しかし、その後増加していく神社も「内地人」の観光ルートに取り込まれていく一方で、1920年代以降は北白川宮の「事績」は「内地人」青年の感慨を催させるものではなくなっていくことが、書院生の記録からは垣間見えるのであった。ここからは、台湾に対する「内地人」青年のまなざしが、1910年代までの植民地化への新鮮な感慨に満ちたものであったものから、1920年代以降は淡泊なものに変化していったことが読み取れよう。

参考文献

陳鸞鳳［2007］『日治時期台湾地区神社的空間特性』台北：学富文化
蔡錦堂［1994］『日本帝国主義下台湾の宗教政策』同成社
樋浦郷子［2013］『神社・学校・植民地——逆機能する朝鮮支配』京都大学学術出版会
岩田晋典［2015a］「東亜同文書院大旅行調査と植民地台湾——書院生が経験した「日本」」『文明21』第34号
岩田晋典［2015b］「東亜同文書院大旅行調査における台湾訪問ルート」『文明21』第35号
金子展也［2015］『台湾旧神社故地への旅案内——台湾を護った神々』神社新報社
片倉佳史［2015a］『古写真が語る 台湾 日本統治時代の50年 1895–1945』祥伝社
片倉佳史［2015b］『日本人が残した素晴らしき台湾——統治時代の貴重な写真を発掘！』宝島社
加納寛編［2017］『書院生、アジアを行く——東亜同文書院生が見た20世紀前半のアジア』あるむ
近藤嘉博［1943］『海外神社の史的研究』明世堂書店
李乾朗［2001］『20世紀台湾建築』台北：玉山社
中島三千男［2000］「「海外神社」研究序説」『歴史評論』第602号
中島三千男［2013］『海外神社跡地の景観変容——さまざまな現在』御茶の水書房
新田光子［1997］『大連神社史——ある海外神社の社会史』おうふう
乃南アサ［2016］『ビジュアル年表 台湾統治五十年』講談社
小笠原省三［1933］『海外の神社——並に「ブラジル在住同胞の教育と宗教」』神道評論社
小笠原省三［1953］『海外神社史 上巻』海外神社史編纂会
ルオフ, ケネス［2010］『紀元二千六百年——消費と観光のナショナリズム』朝日新聞出版
嵯峨井建［1998］『満洲の神社興亡史』芙蓉書房出版
薗田稔・橋本政宣編［2004］『神道史大辞典』吉川弘文館
菅浩二［2004］『日本統治下の海外神社——朝鮮神宮・台湾神社と祭神』弘文堂
東亜同文書院［2006］『東亜同文書院大旅行誌』全33巻（オンデマンド版）、愛知大学
横森久美［1982］「台湾における神社——皇民化政策との関連において」『台湾近現代史研究』第4号
辻子実［2007］『侵略神社——靖国思想を考えるために（第2版）』新幹社

執筆者紹介

〈編者〉

塩山正純（Shioyama Masazumi）
1972年和歌山県生まれ。愛知大学国際コミュニケーション学部教授。関西大学大学院文学研究科博士後期課程修了。博士（文学）。専門領域：中国語学。主要論著：『初期中国語訳聖書の系譜に関する研究』（白帝社、2013年）、「『大旅行誌』の思い出に記された香港—大正期の記述を中心に」（『書院生、アジアを行く—東亜同文書院生が見た20世紀前半のアジア』加納寛編、あるむ、2017年）、「『大旅行誌』にみる書院生の「ことば」へのまなざし—大正期以前の記述より」（『歴史と記憶—文学と記録の起点を考える—』松岡正子・黄英哲他編、あるむ、2017年）

〈執筆者〉（掲載順）

荒武達朗（Aratake Tatsuro）
1970年大阪府生まれ。徳島大学総合科学部教授。名古屋大学大学院文学研究科博士後期課程修了。博士（歴史学）。専門領域：中国近現代史。主要論著：『近代満洲の開発と移民：渤海を渡った人びと』（汲古書院、2008年）、「"闘争の果実"と農村経済—1945-47年山東省南東部」（『中国研究月報』第71巻10号、2017年）、「内地農民と台湾東部移民村—『台湾総督府文書』の分析を中心に」（『徳島大学総合科学部人間社会文化研究』第18巻、2010年）

土屋 洋（Tsuchiya Hiroshi）
1971年愛知県生まれ。名古屋大学大学院人文学研究科准教授。名古屋大学大学院文学研究科博士後期課程修了。博士（歴史学）。専門領域：中国近代史。主要論著：「清末の「東アジア史」教科書—その日本史認識を中心として」（『文化共生学研究』第17号、2018年）、「閑谷黌から日清貿易研究所へ—福原林平とその日記『随感随録』等について」（『文化共生学研究』第16号、2017年）「越境する歴史認識—「満洲」の歴史教科書」（『アジア教育史研究』第25号、2016年）

加治宏基（Kaji Hiromoto）
1974年奈良県生まれ。愛知大学現代中国学部准教授。愛知大学大学院中国研究科博士後期課程修了。博士（学術）。専門領域：現代中国外交論。主要論著：『教養としてのジェンダーと平和』（風間孝・金敬黙との編著、法律文化社、2016年）、「中国の国連平和維持活動—「国際の平和及び安全の維持」は脅威か」（『中国・北朝鮮脅威論を超えて—東アジア不戦共同体の構築』進藤榮一・木村朗編著、耕文社、2017年）、「米国が規定した「中華民国」の対外援助政策—キッシンジャーの"中国論"が暗示した課題」（『中国21』Vol. 42、2015年）

黄英哲（Ko Eitetsu）
1956年台湾台北市生まれ。愛知大学現代中国学部教授。立命館大学大学院文学研究科博士後期課程修了、博士（文学）。関西大学博士（文化交渉学）。専門領域：台湾近現代史、台湾文学、中国現代文学。主要論著：『台湾文化再構築1945-1947の光と影—魯迅思想受容の行方』（創土社、1999年）、『漂泊與越境—両岸文化人的移動』（台湾大学出版中心、2016年）、「台湾文化人における「抗日戦争」」（『対日協力政権とその周辺—自主・協力・抵抗』（愛知大学国際問題研究所編、あるむ、2017年）、「『興民』と小説の位置づけ—許寿裳遺稿『中国小説史』初探」（『歴史と記憶—文学と記録の起点を考える—』松岡正子・黄英哲他編、あるむ、2017年）

岩田晋典（Iwata Shinsuke）
1970年東京都生まれ。愛知大学国際コミュニケーション学部教授。立教大学大学院文学研究科博士後期課程修了。博士（文学）。専門領域：文化人類学。主要論著：「大調査旅行における書院生の台湾経験―"近代帝国"を確認する営み」（『書院生、アジアを行く―東亜同文書院生が見た20世紀前半のアジア』加納寛編、あるむ、2017年）、「茶アイデンティティの多元化―『地球の歩き方ガイドブック』シリーズ台湾編における表象分析」（『文明21』第37号、2016年）

須川妙子（Sugawa Taeko）
1966年兵庫県生まれ。愛知大学短期大学部教授。同志社女子大学大学院家政学研究科修士課程修了。修士（家政学）。専門領域：食文化、食の思想。主要論著：「『大旅行誌』の食記述にみる書院生の心情変化―「雲南ルート」選択の意義を探る」（『書院生、アジアを行く―東亜同文書院生が見た20世紀前半のアジア』加納寛編、あるむ、2017年）、「『はな橘』にみる明治期の菓子業界―上菓子屋の権威」（『民俗と風俗』第20号、2010年）「明治期以降の日本における女子教養としての料理―お稽古事としてのお料理教室のはじまりとその変容」（『文学論叢』第153輯、2016年）

加納 寛（Kano Hiroshi）
1970年愛知県生まれ。愛知大学国際コミュニケーション学部教授。名古屋大学大学院文学研究科博士後期課程修了。博士（歴史学）。専門領域：東南アジア史。主要論著：「書院生、東南アジアを行く!! ―東亜同文書院生の見た在留日本人」（『書院生、アジアを行く―東亜同文書院生が見た20世紀前半のアジア』加納寛編、あるむ、2017年）、「タイ近代服飾史にみるジェンダー」（『歴史のなかの異性装』服部早苗・新實五穂編、勉誠出版、2017年）、「日本の宣伝活動への対応にみるタイ政府の自主・従属・抵抗」（『対日協力政権とその周辺―自主・協力・抵抗』愛知大学国際問題研究所編、2017年）

20世紀前半の台湾——植民地政策の動態と知識青年のまなざし

愛知大学国研叢書第4期第3冊

2019年1月31日　第1刷発行

編者——塩山正純

発行——株式会社あるむ
〒460-0012 名古屋市中区千代田3-1-12
Tel. 052-332-0861　Fax. 052-332-0862
http://www.arm-p.co.jp　E-mail: arm@a.email.ne.jp

印刷——興和印刷　製本——渋谷文泉閣

Printed in Japan　ISBN978-4-86333-150-1

愛知大学国研叢書第４期　既刊

愛知大学国研叢書第４期第１冊

対日協力政権とその周辺――自主・協力・抵抗

愛知大学国際問題研究所 編

日中戦争時期を中心とした対日協力と抵抗の諸相を、一次史料の検討から再評価。
植民地朝鮮、満洲国、臨時政府、冀東政府、北京、上海、維新政府、抗日の山東根拠地、植民地台湾、そしてタイ。
従来の傀儡政権論にとどまることなく、20世紀のアジア太平洋史に新たな視角を提示する。
編集代表：三好 章

三ツ井 崇／森 久男／小笠原 強／広中一成／関 智英
菊地俊介／三好 章／馬場 毅／黄 英哲／加納 寛

A5判　336頁　定価（本体3000円＋税）

愛知大学国研叢書第４期第２冊

歴史と記憶――文学と記録の起点を考える

松岡正子・黄英哲・梁海・張学昕 編

記憶は歴史と文化を再現することができるのだろうか。文学はどのように歴史と記憶を叙述するのだろうか。文学の叙述と歴史の叙述、そして記憶の叙述のあいだの連関と相違を、いま新たな視点からとらえなおす。
日本の愛知大学と中国の大連理工大学・遼寧師範大学・大連大学による国際学術シンポジウム「文化・文学：歴史と記憶」(2016年）の成果である日本語論文７篇、中国語論文９篇を収録。中国語論文には日本語の概要を、日本語論文には中国語もしくは英語の概要を付す。

黄英哲／蔣済永／王玉春／賈浅浅／劉博／梁海／李梓銘／翟永明／陳政／梁海／白楊／季進
三好 章／嶋田 聡／松岡正子／石田卓生／塩山正純／岩田晋典

A5判　296頁　定価（本体3000円＋税）